Die Rockband

Planung, Organisation und Vermarktung
von Jürgen Alfred Klein

Prismproject Verlag Jürgen Klein

Saarbrücken 2015

Für die freundliche Unterstützung meiner Arbeit an dieser Publikation
bedanke ich mich bei Susi, Marion, Louis, Manfred und Christian.

Ein besonders dickes Dankeschön geht auch an Susanne und Stefan,
die sich für die Fotoaufnahmen zur Verfügung gestellt haben.

Inhaltsverzeichnis

Organisation und Planung

Vermarktung

Schlusswort

Anhang
Das Teufelsquadrat

Teil 1

Organisation und Planung

Von den Unsicherheiten der Zukunft hängt ab, wer nicht versteht, in der Gegenwart für die Zukunft zu sorgen. (Seneca)

1. Zu aller erst: Teamarbeit

Umfangreiche Aufgaben sind nur schwer von einem Menschen allein zu vollbringen. Deshalb tun sich mehrere Personen zusammen, teilen die anfallende Arbeit untereinander auf und führen sie dann methodisch aus. Auch die Rock- bzw. Popband ist – zumindest was das Management angeht - ein solcher Personenzusammenschluss. Folglich sind die Musiker einer Band mehr oder minder auch Mitarbeiter einer Unternehmung. Sie arbeiten also.

Arbeiten sie wirklich? Die Band hat - im Ganzen betrachtet - wohl hauptsächlich das Ziel Konzertverträge abzuschließen. Tatsächlich ist ARBEITEN aber definiert als ein zielgerichtetes Tun. Ich möchte deshalb in diesem Buch auch gerne von Arbeit sprechen! (Anmerkung: Unter dem Begriff Management versteht man die konkrete Organisation von Aufgaben und Abläufen – „Das Management" in dieser Lektüre ist also die Gesamtheit der Themen des Buches.)

Auch wenn das zunächst sehr ernüchternd klingt, hat Musikmachen in einer Band und die Bandarbeit an sich tatsächlich vieles gemeinsam mit jeder anderen zielgerichteten Tätigkeit, vor allem aber dann, wenn's nicht nur um die „Kunst" allein, sondern auch um das Verkaufen der „Kunst" geht.

Aktionen sind zu planen und durchzuführen, Termine wollen eingehalten sein, Finanzmittel müssen bereitgestellt und sinnvoll verwendet werden. Das ist Arbeit in Ihrer reinsten Form!

Vielleicht scheitern deshalb allzu viele Rock- und Popbands, weil sie gerade diese Aspekte des Musikmachens nicht ernst genug nehmen. Wer Bandarbeit mit „Sex, Drugs and Rock'n'Roll" und Kreativität mit „Chaos" verwechselt, der darf auch nicht erwarten, dass kalkulierbar sonderlich viel bei seinen Bemühungen herauskommt.

Das heißt nun aber nicht, dass Musikmachen bzw. das Arbeiten in einer Band nur eine bierernste Angelegenheit ist. Wenn ich davon ausgehe, dass ihr euch mit eurer Band und eurer Musik identifiziert, dann kann Bandarbeit für euch grundsätzlich eigentlich nur Spaß an der Arbeit bedeuten.

Damit dies aber möglichst immer funktioniert - und damit kommen wir schon zum ersten Thema - müssen die Musiker eine bestimmte Arbeitsform, eine konkrete Organisation vereinbaren.

Um die richtige Aufteilung der Arbeit in den Griff zu bekommen, muss man ein wenig herumexperimentieren und vielleicht reißt sogar mal ein Bandmitglied die Autorität an sich und sagt allen anderen was zu tun ist. Vorrübergehend nun ja, auf die Dauer wohl aber eine völlig indiskutable Arbeitsform.

Als echte Lösung bietet sich hier eigentlich nur die schon im Wesen der Band verankerte Form der Teamarbeit an.

Leider sind gute Teams eher die Ausnahme als die Regel, obwohl Teamarbeit sehr viel produktiver als jede andere Form des Arbeitens ist. Doch was versteht man eigentlich unter einem Team? Nun, ein echtes Team – in unserem Fall die Band - besteht aus Musikern mit sehr viel Interesse für die Aufgaben der Band und gleichzeitig großem Interesse an einem guten Arbeitsklima. Solche Musiker setzen sich anspruchsvolle, aber realistische Ziele, ohne dabei den Sinn für die Kameradschaft zu verlieren. Sie bilden eine Band, bei der ein hohes Maß an Engagement vorhanden ist, in der häufig und offen miteinander geredet wird und konzentrierte Aktionen in Richtung auf die gemeinsamen Ziele ausgeführt werden. Kurz und gut, sie bilden eine produktive Band.

1.1 Vorraussetzungen und fachliche Fähigkeiten

Produktive Teamarbeit baut auf einer engen menschlichen und fachlichen Zusammenarbeit der Bandmitglieder auf. Das setzt natürlich bestimmte Einstellungen und fachliche Fähigkeiten voraus. So sollten die Mitglieder eurer Band beispielsweise Noten lesen können oder die wichtigsten Fachbegriffe aus der Musikelektronik verstehen. Quantität und Qualität lassen sich für derartige Forderungen allerdings nur schwerlich bestimmen. Deshalb gehen wir an dieser Stelle einen anderen Weg und schauen uns nur ein einfaches Raster zur Überprüfung von Minimalstandards an. Die Erfüllung dieser Standards mag keineswegs eine Garantie für erfolgreiche Teamarbeit abgeben, aber sie bildet das Fundament, auf dem eine solche gedeiht.

Fachliche Bestandsaufnahme

Fragen an den Drummer:

Kannst du einige Standardrhythmen sauber spielen? Beherrschst du die verschiedenen Schlagtechniken? Bist du in der Lage, kurze Fill-Ins frei zu improvisieren? Hast du ein Gefühl für's Timing?

Fragen an den Bassisten:

Kannst du dein Instrument stimmen? Wie sieht's mit den verschiedenen Anschlagtechniken aus? Bist du mit einigen Basis Rock-Riffs vertraut? Kannst du eine Akkordfolge durch Oktav-, Quint- und Quartschritte fundieren? Überblickst du prinzipiell immer, was der Drummer gerade macht?

Fragen an den Gitarristen:

Kannst du ebenso wie der Bassist dein Instrument stimmen? Kennst du die gebräuchlichsten Dur-, Moll- und Septakkorde und kannst du diese greifen? Beherrschst du einige Akkordrhythmen? Hast du ein paar Fingerübungen drauf? Kannst du mit Hilfe von Tonleiterskalen improvisieren?

Fragen an den Keyboarder:

Kennst auch du die gebräuchlichsten Dur-, Moll- und Septakkorde und kannst diese greifen? Kannst du auch ein bisschen improvisieren? Interessierst du dich für Streicher- und Bläserarrangements und Synthesizer-Effekte?

Fragen an den Sänger:

Hast du eine angenehme Aussprache (Artikulation)? Besitzt du ein ausgeprägtes Gefühl für Melodien? Kannst du dir diese leicht merken und auch nachsingen? Bist du in der Lage, einfache Texte in Gesang umzusetzen? Bist du selbstbewusst? Präsentierst du dich (auf der Bühne) gerne vor anderen Menschen? Spielst du ein Begleitinstrument (Klavier/Gitarre)?

Nun mögen einige Leser über die wenigen Forderungen, die hier an den einzelnen Musiker gestellt wurden, verwundert sein. Tatsächlich ist es aber so, dass Amateure oft viel zu viel Wert auf Details wie z,B. Fill-Ins bei den Drums oder solistische Leistungen des Gitarristen legen, Leistungen, welche dem einzelnen Musiker zwar ein großes Können bescheinigen, die in den meisten Rocksongs aber nur eine untergeordnete Rolle spielen. Für den Hörer - also euer Publikum - ist der Songs im gesamten viel wichtiger als kurze Einlagen irgendwo mitten in einem Stück. Der Hörer beurteilt den Gesamteindruck, und der wird nun mal nicht von einem Musiker allein, sondern von der gesamten Band herüber gebracht. Musikalische Zusammenarbeit ist deshalb unerlässlich für die gesamte Bandarbeit.

Beenden wir diese kleine Bestandsaufnahme deshalb noch mit ein paar allgemein menschlichen Voraussetzungen, die ihr mitbringen solltet:

Wichtig ist vor allem, dass die Musiker eurer Band ihre Instrumente gerne spielen. Weiterhin wäre es nicht schlecht, wenn sie zuverlässig arbeiten und auch bei schwierigen Aufgaben nicht ungeduldig werden. Bringen sie dann noch genügend Zeit zum Musik machen mit und mögen sie auch die anderen Bandmitglieder, dürften die Probleme in eurer Band mit Sicherheit überschaubar bleiben.

Solltet ihr allerdings das Gefühl haben bei dieser Bestandsaufnahme, insbesondere in fachlicher Hinsicht, nicht allzu gut abgeschnitten zu haben, dann empfehle ich euch Lehrbücher zur Vertiefung eurer Grundkenntnisse, z.B.:

Drums: Rock-Schlagzeugschule/Richard Herten/Musikverlag Hans Gerig
Bass: Schule für Elektro-Bass/Andreas Lonardoni/Bund-Verlag, Köln
Keyboard: Rock Piano 1/Jürgen Moser/Musikverlag Schott
Gitarre: Die Plektrum-Gitarre/Fred Harz/Musikverlag Hans Gerig
Gesang: Basic Vocals: Das neue Lernbuch für Rock- und Pop-Gesang Matthias Webel/Modern Music School u. Gehörbildung im Selbststudium/Clemens Kühn/dtv-Bärenreiter
Lexikon Musik-Elektronik / Bernd Enders / Goldmann-Schott

1.2 Die Rahmenbedingungen der Teamarbeit

Eine Amateur Rock- oder Popband ist ja im realen Leben oft keine endgültige Angelegenheit. Berufliche oder familiäre Veränderungen etwa sind Gründe, die eine Musikerkarriere mitunter sehr abrupt beenden können. Scheidet dann ein Musiker aus, tauchen oft unvorhergesehene Probleme auf. Nicht etwa irgendwann verlässt der Musikerkollege die Band, nein, ausgerechnet kurz vor einem wichtigen Konzert will er gehen. Doch was genauso schlimm ist, mit ihm geht auch sein schönes großes Mischpult, über das man sonst immer so eifrig gespielt hat. So kommt es schließlich, dass nicht einmal der herbeigeilte Ersatzmann in der Lage ist, die missliche Situation gänzlich aufzuheben. Doch der ganze Ärger hätte sich vermeiden lassen, wenn man nicht versäumt hätte, solche "kleinen Katastrophen" rechtzeitig in Erwägung zu ziehen und Gegenmaßnahmen lange vor ihrem Auftauchen zu ergreifen.

Sicherlich sind Verträge nicht jedermanns Sache, aber sie sind geeignete Instrumente, um Probleme dieser Art in den Griff zu bekommen. So charakterisiert das Bürgerliche Gesetzbuch (BGB) mehrere Personen (mindestens zwei), welche eine gemeinsame Unternehmung verfolgen (wie z. B. eure Rock- oder Popband) und dafür keinen besonderen Gesellschaftsvertrag eingegangen sind, als Gesellschaft des bürgerlichen Rechts (GdbR) und hält für sie bestimmte Rahmengesetze bereit. Besonders die in Richtung Semiprofi ambitionierte Rock- oder Popband sollte hier mal einen Blick hinein werfen:

Die vorgeschlagenen Regeln sehen in etwa folgendermaßen aus:

1. Gründung: Es ist keine bestimmte Form für den Gründungsvertrag vorgeschrieben. Der Vertrag braucht nicht schriftlich niedergelegt oder notariell beurkundet zu sein. Auch ist kein Startkapital erforderlich. Die Beiträge der Gesellschafter (das seid ihr, die Mitglieder der Band) können anstatt Geldeinlagen auch Arbeitsleistungen sein.

2. Innenverhältnis (Damit ist die Rechtsbeziehung der Band mitglieder untereinander gemeint): Es besteht eine gemeinschaftliche Geschäftsführung. Für jede geschäftliche Einzelaktivität ist die

Zustimmung aller Gesellschafter (Bandmitglieder) erforderlich. Eingebrachte Geldeinlagen, Sachen und später für die Gesellschaft (die Band) angeschaffte Dinge sind "Gesamthandvermögen", d. h. alles gehört allen. Alleingänge beim Veräußern des Vermögens, der Sachen oder Teilen des Vermögens und der Sachen sind also ausgeschlossen, solange die Gesellschaft (die Band) besteht.

3. Außenverhältnis: Rechtsverbindliche Erklärungen der Gesellschaft (der Band) zu außenstehenden Dritten können nur gemeinsam abgegeben werden.

4. Haftung: Gegenüber Gläubigern haftet sowohl das Gesellschaftsvermögen, als auch alle Gesellschafter (die Mitglieder der Band) persönlich als "Gesamtschuldner", d.h. für den gesamten geschuldeten Betrag haftet jedes Bandmitglied mit seinem gesamten Vermögen, und zwar unbeschränkt. Der Gläubiger kann sich einen aussuchen, der dann die ganze Schuldsumme aufbringen muss.

5. Ende: Stirbt ein Gesellschafter, löst sich die Gesellschaft automatisch auf. Dies ist auch der Fall, wenn ein Gesellschafter kündigt. Jeder Gesellschafter kann jederzeit kündigen. Dann kann nur noch die "Liquidation" stattfinden: Die Gesellschaftsschulden werden gezahlt, und jeder Gesellschafter erhält seine Einlage plus Überschuss - falls einer vorhanden ist - zurück.

Diese Regelungen - außer der Regelung für das Gesamthandvermögen und der Regelung für die Haftung - sind aber, wie schon gesagt, nur Rahmengesetze, die man demzufolge auf die unterschiedlichsten Bedürfnisse anpassen kann. Vorschläge zur Abänderung könnten etwa folgendermaßen aussehen:

1. Vertragsform:

Sinnvoller als die mündliche Absprache ist natürlich ein schriftlicher Vertrag, in dem ihr auch gleich die Form der Vertragsänderung festhalten könnt: üblicherweise schriftliche Form.

2. Einstimmigkeit:

Um das Blockieren von wichtigen Entscheidungen durch einzelne

Personen bei einer Abstimmung zu verhindern, solltet ihr überlegen, ob es nicht besser wäre, wenn es zur Beschlussfähigkeit eurer Band nur der Zustimmung von z. B. 2/3 der Mitglieder bedarf.

3. Kündigung:

Wenn jedes Mitglied die Band zu jeder Zeit verlassen kann, wäre das ganze Rockprojekt ein ziemlich wackliges Unternehmen. Ihr vereinbart also besser eine akzeptable Kündigungsfrist und auch andere Kündigungsfolgen als im Gesetz vorgeschlagen sind: Wenn einer von euch ausscheidet, könnte z.b. die Band weiter bestehen, und der Ausgeschiedene wird nicht sofort, sondern in zeitlich für beide Seiten vertretbaren Raten ausbezahlt.

2 Teamarbeit in der Praxis
Oder: Wie man durch Planung zu einem Ergebnis kommt

Planung ist die geistige Vorwegnahme zukünftiger Ereignisse. Sie wird in nahezu allen Bereichen der Wirtschaft, aber auch des täglichen Lebens betrieben. Wer die Verwirklichung eines Rock- oder Popprojektes in Angriff nimmt, wird deshalb nicht umhinkommen, sich ausführlich mit geeigneten Planungsmethoden und Verfahren zu beschäftigen.

Wir wollen uns in diesem Kapitel mit einigen grundlegenden Methoden der Planung beschäftigen. Dies sind die Aktions-, die Termin- und die Finanzplanung.

Als Grundlage für diese drei wichtigen Planungsmethoden ist die Ausarbeitung eines musikalischen Konzeptes nötig. Wir werden diesen Punkt als erstes in Angriff nehmen.

Das musikalische Konzept dient dann als "langfristige Leitlinie" für alle Entscheidungen (es wird im Buch nicht mehr weiter erwähnt!).

Durch Aktionspläne wollen wir schließlich die konkrete Realisierung des musikalischen Konzeptes vorantreiben. Damit auch größere Aktionen überschaubar bleiben, wird ein separater Terminplan in die Aktionsplanung eingebunden. Da auch Unternehmungen wie ein Rock- oder Popprojekt Finanzströme auslösen, werden wir uns zum

Schluss des Kapitels Planung ausführlich mit den Aspekten Kapital, Kapitalbedarf, Gewinn und Risiko beschäftigen.

In zweiten Teil des Buches wird dann noch die Werbeplanung besprochen. Der Schwerpunkt der Werbeplanung liegt zwar bei der Informationsgewinnung in bestimmten Marktsegmenten und deren Verarbeitung für konkrete Werbekonzepte. Das Rüstzeug für die Werbeplanung und auch vieler anderer Aufgaben, die in diesem Buch nicht gesondert besprochen werden - etwa wie jede Art der Produktion von Musik - wird aber immer wieder die Aktions-, die Termin- und die Finanzplanung sein.

2.1 Ausarbeiten eines musikalischen Konzeptes

Viele Menschen erreichen nur deshalb nichts, weil sie nicht festlegen was sie denn überhaupt erreichen wollen. Sicherlich braucht man sein Ziel nicht bis in kleinste Einzelheiten zu kennen, aber eine grobe Richtung, eine ungefähre Vorstellung sollte man schon haben. Auch die Rock- bzw. Popband kann sich Irrfahrten und Irrwege auf ihrer musikalischen Reise ersparen, wenn sie ungefähr weiß, wohin sie will, wo die Reise in etwa enden soll.

Auf einfache und recht wirkungsvolle Art kann man musikalische Ziele ausfindig machen, indem man persönliche Vorlieben bzw. Abneigungen für oder gegen bestimmte Stile, Interpreten, Bands, musikalische Epochen, Images, Instrumente, Sounds usw. klärt.

Die Liste der nachstehend aufgeführten CD's kann euch dabei als Arbeitsmaterial dienen. (Sie ist allerdings nur als Anregung gedacht und deshalb völlig subjektiv von mir zusammengestellt). Besorgt euch aus jeder Stilgruppe mindestens eine CD – mp3's, YouTube Videos usw. erfüllen natürlich auch ihren Zweck.

Beginnt dann systematisch die CDs abzuhören. Notiert, welche CD's oder Lieder euch gefallen, welche nicht, und analysiert auch, warum dies so ist. Ihr solltet dabei völlig individuell urteilen. Einzig euer persönlicher Geschmack zählt. Ihr könnt später nur das überzeugend spielen (und auch verkaufen), was euch wirklich in die Beine und ins Herz geht. Der Geschmack anderer Leute kann euch deshalb vorerst noch kalt lassen.

Das Ziel der Analyse sollte sein, bestimmte Merkmale, die euch gefallen bzw. nicht gefallen herauszufiltern. Eine schrittweise Verfeinerung der Kriterien von ganz groben bis zu relativ nuancierten Gesichtspunkten erweist sich dabei als praktisch. Schon nach einigen Analysen werdet ihr dann feststellen, dass es immer wieder gleiche oder ähnliche Merkmale sind, die euch zu einer positiven oder einer negativen Bewertung veranlassen. Haben sich diese gemeinsamen Bewertungsmerkmale erst einmal herausgeschält, habt ihr erste Anhaltspunkte, in welche Richtung eure musikalischen Ziele - und damit auch eure Stilvorstellungen - tendieren.

Nun gilt es, ein konkretes Konzept herauszuarbeiten. Die Haupt-merkmale werden zusammengetragen und wie bei einem Puzzlespiel Stück um Stück ergänzt, solange, bis sich ein einheitliches Bild ergibt. Dabei kann es schon mal vorkommen, das einige Merkmale nicht recht zueinander passen wollen, oder das sie sich gar gegenseitig ausschließen. In solchen Fällen wird es euch dann besonders schwer fallen, eine klare Zielvorstellung zu entwickeln. Doch gerade durch auftauchende Schwierigkeiten solltet ihr euch nicht entmutigen lassen. Versucht den Konflikt in eurem Sinn (eurer Fiktion) aufzulösen. Geht vom Bekannten weg zu dem was ihr euch vorstellen könnt und wollt. Und nochmal: haltet durch, denn die Mühe lohnt sich wirklich. Wer kein Ziel hat, kann auch nirgends ankommen!

Diskographie

1.Boogie Woogie
- Vince Weber: The Boogie Man,EMI
- Blues'n Boogie,EMI
- M.L.Lewis/A. Ammons/P.Jonson:The Boogie Woogie
Boys,Storyville

2. Blues
- Memphis Slim: Memphis Slim & Friends,Metronom
- Sampler(Sammelplatte): Blues Originals Vol. 1-6,Atlantic
- John Lee Hooker: Alone,MMG

3. Rhythm'n Blues
- Muddy Waters: Muddy "Mississippi" Waters,CBS
- Ray Charles: Soul & Blues,SR International
- Fats Domino: Live in Europe,EMI Electrola

4. Rock'n'Roll
- Jerry Lee Lewis: Original Golden Hits,Sun
- Chuch Berry: The Best of Chuck Berry,Bellaphon/Chess
- Little Richard: Little Richard Cast a Long Shadow,CBS

5. Rock Blues
- ZZ Top: The Best of ZZ Top,London Rec.
- Afterburner, Warner Bros.

6. Straight Rock
- Foreigner: Foreigner,Atlantic
- Rolling Stones: Black and Blue,Rolling Stones
- Dirty Work, Rolling Stones

7. Medium Rock
- Chi Coltrane: The Best of Chi Coltrane,CBS
- Christopher Cross: Flamingo,Warner Bros.
- Supertramp: Breakfast in America,A&M Rec.

8. Rock Ballade
- Chris Rea: Water Sign,Teldec
- Carole King: Tapestry,Ode
- Randy Newman: 12 Songs, Reprise

9. Halftime Rock
- Billy Joel: Piano Man,Columbia
- Turnstiles,Columbia

10. Hard Rock
- Deep Purpel: Made in Japan,EMI/Electrola
- Rainbow: Long Live Rock'n'Roll,Polydor
- Van Halen: MCMLXXXIV,WEA

11. Soft Rock
- Fleetwood Mac: Rumors,Warner Bros.

- Mike Oldfield: Tubular Bells,Virgin

12. Jazz Rock
- Billy Cobham: Spectrum,Atlantic
- Herbie Hancock: Head Hunters,CBS
- Mahavishnu Orchestra: The Inner Mounting Flame,CBS

13. Art Rock
- Genesis: The Lamp Lies Down On Broadway, Charisma
- Gentle Giant: In A Glas House,Vert

14. Mainstream Rock
- Steely Dan: Can't Buy A Thrill,ABC
- The Tubes: Outside Inside,EMI

15. Westcoast
- Toto: Toto IV,CBS
- The Eagles: Hotel California,Electra/Asylum

16. Soul
- Booker T. & The MG's: Green Onions,Stax/Atlantic
- Marvin Gaye: Lets Get It On,Tamla/Motown
- Stevie Wonder: Talking Book,Tamla

17. Funk Rock
- Earth,Wind & Fire: All'n All,CBS
- Mothers Finest: Mother's Finest,EPC
- Commodores: Commodores Live,Motown

18. Fusion
- Little Feat: Little Feat,Warner Bros.
- The Last Record Album,Warner Bros.
- Mezzoforte: Surprise,Polydor

19. Southern Rock
- The Alabama Brothers Band: Brothers and Sisters,Capricon
- Lynyrd Skynyrd: Nuttin'Fancy,MCA

20. Latin Rock/Bossa/Samba
- Sergio Mendes: Rainbow's End,AMLH/CBS

17

- Santana: Abraxas, Columbia
- Lotus,Columbia

21. Monumental Rock
- Kansas: Song For America,Kirshner/Epic
- Queen: Bohemian Rhabsody,Elektra
- Yes: Tales From Topographic Ocean,Atlantic

22. Country Rock/Folk Rock
- Crosby,Stills,Nash & Yong: Deja Vu,Atlantic
- Linda Ronstadt: Linda Ronstadt,Capitol
- Simon & Carfunkel: Bookends,Columbia

23. Disco/Pop
- Imagination: In The Heat Of The Night,Ariola
- Diana Ross: Ross,EMI
- Donna Summer: She Works Hard For
ThMoney,Mercury/Phonogramm

24. Reggae
- Bob Marley and The Wailers: Rastaman Vibration,Island
- Peter Tosh: Equal Rights,Columbia

26. Experimental Rock
- Stomu Yamashta: Go Too,Arista
- Jean-Luc Ponty: Mystical Adventures,Atlantic

27. Konzept-Alben
- Beatles: Sgt. Pepper's Lonly Hearts Clup Band,EMI Electrola
- Pink Floyd: The Wall,Harvest

Diese beiden Konzept-Alben sind in die Liste mit aufgenommen, weil sie von internationalen Kritikern in jeder Hinsicht (Text, Musik, Gehalt usw.) als besonders anspruchsvoll bewertet wurden. Es sind zwei CD's, die eigentlich ein Muss für jeden Musiker sind. Ihr solltet sie euch unbedingt zulegen. Aus diesen beiden CD's kann man wirklich eine Menge Substanz ziehen!

28. Hitparade International
- zurzeit in den internationalen Hitparaden placierte CD

29. Hitparade National
- Eine mit deutschen Interpreten produzierte CD, die in Deutschland
unter den zehn Bestplaciertesten ist.

2.2 Probleme lösen

Ich hoffe, die Ausarbeitung eures musikalischen Konzeptes hat euch
Spaß gemacht und ihr hattet keine größeren Schwierigkeiten bei der
Lösung dieser Aufgabe. Gab's trotzdem welche, so ist das kein Grund
zur Beunruhigung. Tatsächlich gibt es Probleme überall. Mitunter ist
es sogar erforderlich, einen Großteil der auf ein Projekt verwendeten
Zeit ausschließlich mit der Lösung von Problemen zu verbringen.
Deshalb sollte der Umgang mit Problemen und auch das Beherrschen
kreativer Verfahren zur Lösung dieser Probleme für euch Normalität
werden.

Damit das Lösen von Problemen aber in Fleisch und Blut übergeht,
bedarf es einer anwendbaren Technik. Brainstorming ist so eine
Technik. Sie wurde von Alex Osborn entwickelt und hilft, Lösungen
für Probleme beliebiger Art zu finden.

Und so funktioniert Brainstorming:

In einem ersten Schritt wird das Problem formuliert. Dabei ist
besonders auf eine genaue Formulierung zu achten. Wo finde ich
einen Proberaum und wie finde ich einen Proberaum sind nun mal
zwei grundverschieden Probleme!

Im zweiten Schritt hat nun jedes Bandmitglied Gelegenheit, über das
Problem ausgiebig - mindestens 24 Stunden - nachzudenken.

Im dritten Schritt schließlich findet dann die eigentliche
Brainstorming-Sitzung statt: Sie sollte etwa 30 - 45 Minuten dauern
und komplett aufgezeichnet werden. . Es beginnt damit, dass alle
Teilnehmer ihre Lösungen bekannt geben. Dann sollten die Teilnehmer
sich in Kombinationen des von den anderen Gehörten (und/oder der
eigenen Lösung), weitere Lösungen spontan einfallen lassen, die sie

dann wiederum vortragen. Das Ganze wird dann immer so weiter wiederholt bis die Sitzungszeit um ist. Wichtig dabei ist: je ausgefallener und spontaner die Ideen sind, umso besser! Vorwiegend kommt es also darauf an, möglichst ungewöhnliche, neuartige und kreative Lösungen zu finden. Es funktioniert ähnlich wie eine angeregte Diskussion: ein Einfall zündet dabei den nächsten, eine Idee bringt drei, vier, fünf oder auch mehr weitere Ideen ins Rollen, und innerhalb einer halben Stunde hat man so ein Thema oft aus hundert oder mehr Blickwinkeln beleuchtet. Damit eine Brainstorming-Sitzung auch tatsächlich gewinnbringend ist, solltet ihr folgende vier von Osborn empfohlene Regeln einhalten:

1. Lasst eurer Phantasie wirklich freien Lauf: Je ausgefallener die Ideen sind, umso besser. Später könnt ihr allzu "verrückte" Ideen immer noch streichen.

2. Durch Aufgreifen der bereits genannten Ideen lassen sich wiederum neue Ideen produzieren. Auch diesen Sachverhalt solltet ihr bei euren Sitzungen nicht vergessen.

3. Je mehr Ideen ihr kreiert - umso besser, denn dann ist die Chance brauchbare und/oder neuartige Einfälle zu finden wesentlich größer.

4. Während einer Sitzung darf noch keine Wertung vorgenommen werden. Kritik ist zu diesem Zeitpunkt noch nicht angebracht. Erst nach der Sitzung solltet ihr die Vorschläge beurteilen.

In einem letzten Schritt gilt es nun, die gefundenen Ideen erst zu ordnen und dann unbrauchbare Einfälle auszusortieren. Im Gegensatz zu den vorherigen Bemühungen soll jetzt also die Anzahl der Ideen nicht mehr vergrößert, sondern reduziert werden. Zweck dieser Auswahl ist es, alle schlechten Ideen zu erkennen und unbrauchbare Einfälle soweit herauszufiltern, bis letztlich nur noch eine Hauptidee mit wenigen brauchbaren Alternativen zurückbleibt. Folgende Kriterien können zur Beurteilung der Ideen herangezogen werden:

1. Ist die Idee klar und leicht verständlich aufgebaut?

2. Werden durch die Idee die Schwächen der Band vermieden und wird auf ihre Stärken aufgebaut?

3. Nutzt man durch die Verwirklichung der Idee eine gegebene Chance (in der Umwelt, des Marktes, der Situation)?

4. Können Mittel (Geld, Material) zur Verwirklichung der Idee herangezogen werden?

5. Lässt sich die Idee organisatorisch bewältigen?

6. Ist das Risiko zur Verwirklichung der Idee hinreichend klein?

7. Verfügt die Band auch über genügend Ausdauer, um die Idee bis zu ihrem Ende durchzuführen?

8. Sind alle Bandmitglieder von der Idee überzeugt?

2.3 Aktionen planen

Das musikalische Konzept steht fest, und die ersten Probleme zur Erreichung unseres Zieles sind aus dem Weg geräumt, d.h. wir haben bereits eine ungefähre Vorstellung von dem, was zu tun ist. Doch bei dem Ungefähr wollen wir es nicht belassen. Wer mit Rock- und Popmusik wirklich ernsthaft Geld verdienen will braucht konkrete Vorstellungen von dem was er tun will. Spontane Aktivität reicht da bei weitem nicht mehr aus. Projekte müssen über längere Zeiträume geplant, in verschiedene Aktionen unterteilt und diese wiederum in Teilaufgaben zerlegt werden.

Ausgangspunkt der Aktionsplanung sind dabei wohlformulierte Zielvorstellungen. Beispiel: Soviel Konzerte bei „Schulfesten" geben, dass in einem Jahr 10000 Euro verdient werden. Zielvorstellungen sind Auslöser von Großprojekten, durch die aber noch keinerlei Handlungsansätze gegeben sind. Deshalb wird die Band ein solches Großprojekt in kleinere und vor allem konkretere Einheiten, die Planungsschnitte, gliedern. Für das obige Großprojekt etwa

Projektplanung   Name: "Schulfest"

	Planungs-schritte	Beschreibung o.-Bemerkung	Termin bis wann	Kosten-aufwand
1	Produkt herstellen	Songs und Band-image kreieren		
2	Markt suchen analysieren	Schlusselfiguren Konkuzenz-Ja/nein		
3	Zielgruppe analysieren	Identitatssignale		
4	Produkt und Markt angl.	Fertigstellung Songs und Image		
5	Werbepacket herstellen	Demo-CD u. Brief		
6	Live-Show proben	Dramaturgie und Musikdarbietung		
7	Werbepackete versenden	Nur fur PR-Massnahmen		
8	PR-Manahmen ausfuhren	Radiosendung und Freikonzerte		
9	Werbepackete versenden	raumlich verteilt an Schlussetfig.		
10	Antwortkarten auswerten	Konzerttermine koordinieren		
11	Telefonische Kontaktaufn.	Gesprachstermin vereinbaren		
12	Verkaufs-gesprache	Konzertvertrage abschliessen		
13	Konzerttour planen	Konzerttermine festlegen,Technik		
14	Acute Puplic Relation	Ein Teilprogramm drei Tage vor dem Konzert in derje-weiligen Schule vorfuhren		
15	Sales Promotion	Nach den Konzerten CD's verkaufen		
16	Bilanz=	Erfolgskontolle		

Die Planungsschritte wiederum führen zu festumrissenen Aktionen: So müsste beispielsweise das Produzieren der Musik, in die Aktionen Song schreiben, Song einstudieren und Song aufnehmen unterteilt werden. Ist die Band an diesem Punkt angelangt, befindet sie sich auf der Ebene der Aktionsplanung. Großprojekt und Planungsschritte könnte man etwa mit Wachstumsplanung umschreiben. Sie sind von den individuellen Vorstellungen der Band abhängig und sollen deshalb hier auch nicht weiter besprochen werden – dennoch müssen das Großprojekt (möglichst in einem Satz) und die Planungsschritte dazu unbedingt schriftlich festgehalten werden!

Stufenweise Verfeinerung auch bei der Aktionsplanung

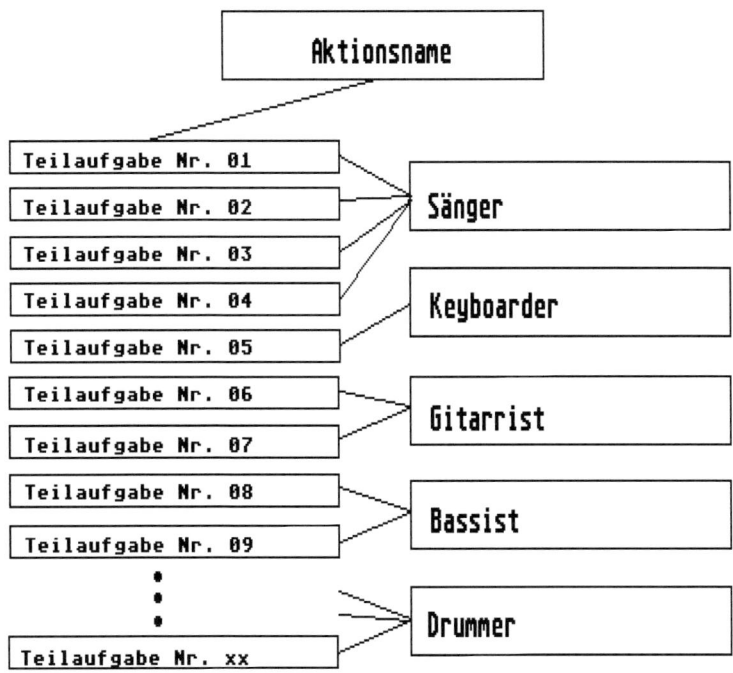

In einem weiteren Schritt wird nun jede Aktion in Teilaufgaben aufgeschlüsselt und diese unmissverständlich Operationalisiert. D.h. es wird festgelegt, wer welche Teilaufgabe wie und womit ausführt. Schließlich ist noch die vorher notwendige Aktion, die möglichen Alternativen für ein eventuelles Scheitern und letztlich der zeitliche Rahmen (mehr dazu im Abschnitt Terminplanung!) festzuhalten.

Eine Zielvorgabe löst also folgende Verfeinerungsstruktur mit den angegebenen Mengenverhältnissen in Klammern aus:

Großprojekt (1) > Planungsschritte (wenige) > Aktionen (einige) ›
Teilaufgaben (viele)

23

Teilaufgabe Nr. xx	
Was	Konkrete Beschreibung des Zieles. Hier ist auch das Niveau und die Ausprägung des Ergebnisses festzuhalten.
Wie	Genaue Beschreibung der Aktivitäten die zur Erreichung des Endergebnisses erforderlich sind.
Womit	Was wird alles benötigt um die Aufgabe erfolgreich auszuführen.
Wer	Zuständigkeit und Verantwortung der ausführenden Person.
Von/bis	Erforderliche Zeit zum Ausführen der Aufgabe.
Koordination	Welche Aufgaben müssen unbedingt vor dieser Aufgabe erledigt worden sein.
Alternativen	Was ist zu tun, wenn die Aufgabe nicht erfolgreich erledigt werden kann.

2.4 Termine planen

Ein Teilgebiet der Aktionsplanung ist die Terminplanung. Jedes Projekt bzw. jede Aktion und Teilaufgaben von Aktionen oder Projekten haben einen zeitlichen Verlauf. Die Terminplanung beschäftigt sich nun mit der Koordination und zeitlichen Abfolge der Ereignisse und Abläufe. Wie wichtig die Terminplanung innerhalb der Aktionsplanung ist, wird spätestens dann ersichtlich, wenn Verträge - etwa Konzertverträge - zeitlich unbedingt eingehalten werden müssen. Je mehr man professionell agieren will, desto wichtiger wird dieser Sachverhalt. Die Abbildung unten zeigt ein sogenanntes Balkendiagramm (Gantt-Plan).

Auf der vertikalen Achse sind dabei die Teilaufgaben - wieder in ihrer hierarchischen Folge - aufgetragen, auf der horizontalen Achse steht die Zeit. Die Länge der einzelnen Balken entspricht dabei der Zeitdauer, bezogen auf die zugehörige Teilaufgabe. Vorteilhaft bei dieser Darstellung ist, dass ihr die Zuordnung der einzelnen Teilaufgaben zu verschiedenen Bandmitgliedern durch unterschiedliche Farbwahl der Balken kenntlich machen könnt. Weiterhin lässt sich das Balkendiagramm auch zur Kontrolle des Zeitverlaufs der Teilaufgaben und zur Durchführung von Gegenmaßnahmen einsetzen. Das Balkendiagramm auf der nächsten Seite zeigt den gleichen Terminplan noch einmal, diesmal aber durch schwarze Balken ergänzt, welche den tatsächlich benötigten Zeitaufwand wiedergeben.

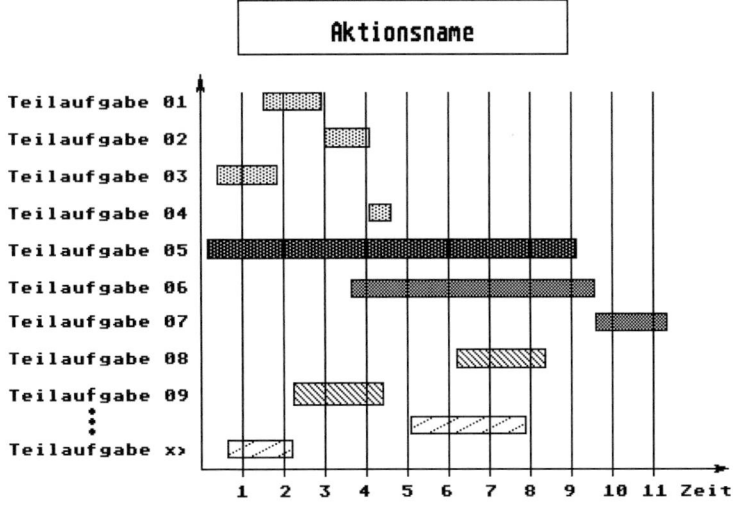

Balkendiagramme schaffen die Übersicht und eignen sich vor allem zur zeitlichen Planung der Teilaufgaben einzelner Aktionen. Es ist zusätzlich aber auch möglich, vorab ein Balkendiagramm nur für die Planungsschritte und weitere für die Aktionen selbst anzulegen und damit den zeitlichen Verlauf des ganzen Projektes darzustellen.

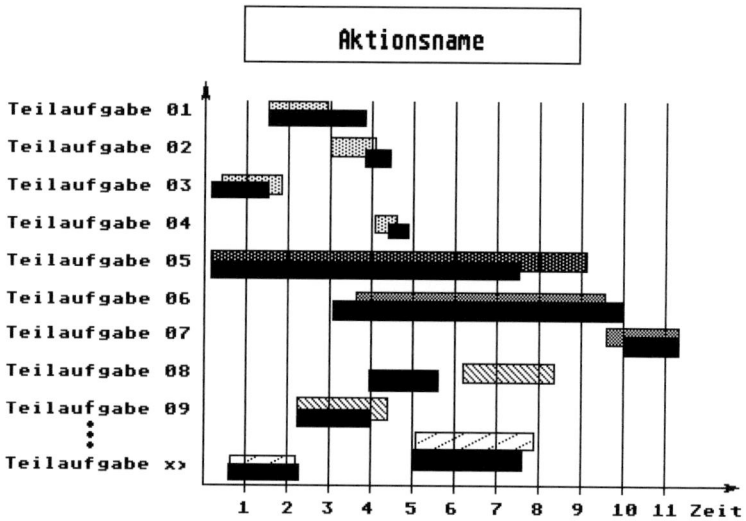

3. Finanzplanung

Angenommen, deine Rockband will in einer Periode von zwölf Monaten, also innerhalb eines Jahres, eine bestimmte Anzahl Lieder komponieren, diese Lieder dann einstudieren, Werbung für ihr Programm machen und schließlich dieses Programm durch Konzerte verkaufen. So weit, so gut. Doch welche Konsequenzen hat diese Überlegung für die Finanzen der Band?

Die wohl wichtigste: Es fallen lange bevor die ersten Konzerteinnahmen zu erwarten sind, zuerst einmal eine Menge Kosten an, z.B. für Proberaum, Anlagekosten, Werbung, Telefonate, usw. und bei Bandneugründungen auch noch Kosten für die Instrumente oder die Einrichtung des Proberaums. Die Band investiert zunächst also erst einmal in Sachmittel. Jede Investition stellt aber auch ein Risiko dar, denn die Band kann nicht wissen, ob sie dieses Geld auch tatsächlich wieder einspielen wird. Ungewöhnlich ist das natürlich nicht, denn die meisten wirtschaftlichen Aktivitäten sind mit einem Risiko behaftet. Da beim Thema Geld nun aber mal der Spaß aufhört, will die Band dieses Risiko nicht allzu groß werden lassen. Sie interessiert sich deshalb für die anfallenden Kosten bzw. die zukünftig zu erwartenden Einnahmen und versucht, durch Schätzungen dieser Größen einen Finanzplan mit möglichst kleinem Risiko aufzustellen. Die Größen Honorar der Band, geschätzte Anzahl der Konzertbuchungen und der Gesamtkapitalbedarf ergeben dabei einen Zusammenhang und sind Kennzahlen zur Bestimmung des wirtschaftlichen Risikos z.b. einer Konzerttour.

3.1 Anzahl der Konzertbuchungen schätzen

Es ist eine relativ schwierige Angelegenheit, abzuschätzen, von wie vielen potentiellen Veranstaltern die Band in einer Planungsperiode gebucht werden könnte. Der Abschluss eines Konzertvertrages ist nämlich von sehr vielen Faktoren abhängig, wie selbst an dem folgenden, stark vereinfachten allgemeinen Modell ersichtlich wird:

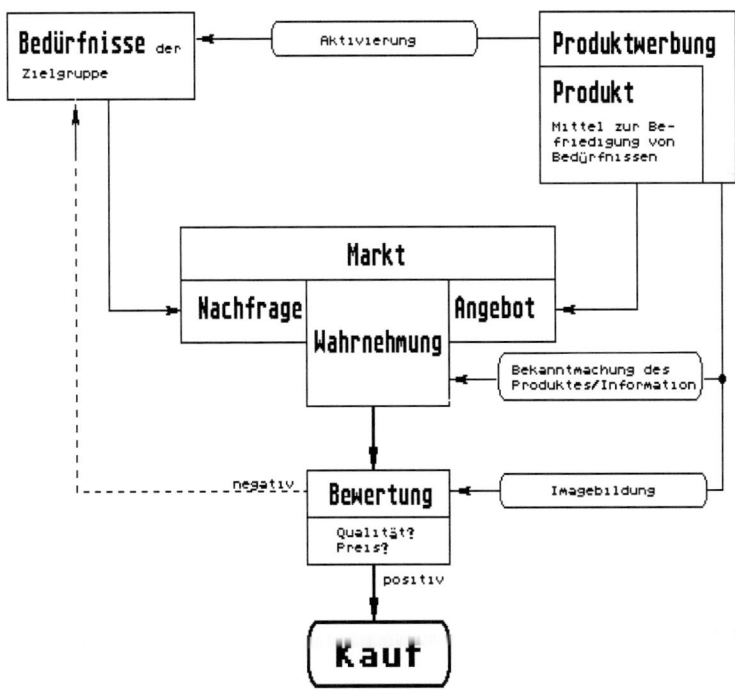

Eine ausführliche Darstellung der Zusammenhänge kann schon wegen der Komplexität dieser Materie hier nicht stattfinden, dennoch sind einige elementare Gesichtspunkte wichtig:

1. Ein Markt bildet sich dort, wo Angebot (Konzert) und Nachfrage (Menschen die ein Konzert besuchen möchten) aufeinander treffen (z.b. Konzert in der Stadt X, Menschen in dieser Stadt X und der Umgebung die gerne mal wieder auf ein Konzert gehen würden). Die Nachfrage setzt das Vorhandensein von Bedürfnissen (man möchte laute Rockmusik hören, eine geile Band sehen, ein aufregende Show o.ä.), das Angebot ein Vorhandensein eines Produktes (die geile Band/die super Show) voraus. Produkte sind Mittel zur Befriedigung von Bedürfnissen.

2. Das Vorhandensein von Angebot (Show-Act u. Konzerttermin) und Nachfrage (Wunsch auf ein Konzert zugehen) allein bewirkt allerdings oft noch keine Kaufhandlung (Ticketkauf). Märkte (eine Stadt, ein Gemeinde) sind häufig zu groß, als dass der Nachfrager (Konzertinteressierte, der Fan) von dem Produkt (Konzerttermin) Kenntnis erhält. Es muss also erst ein Prozess der Wahrnehmung stattfinden.

3. Aufgabe der Werbung ist es, die Wahrnehmung des Produktes (an diesem oder jenem Termin findet das Konzert der Band X statt) zu fördern und über seine relevanten Eigenschaften (krachender Hardrock und riesige Show mit Pyrotechnik) zu informieren. Hat der Nachfrager schließlich das Produkt wahrgenommen, kann er dessen Eigenschaften (Ist die Musik gut? Wie interessant ist die Band? Kann ich mir den Ticketpreis leisten?) bewerten.

4. Resultat der Bewertung kann sowohl eine Kaufentscheidung (Ticketkauf), als auch eine Ablehnung des Produktes sein (So ein Konzert will ich mir nicht ansehen). Das Ergebnis hängt stark von den Bewertungskriterien des Nachfragers ab (der Eine will die geile Show sehen, den anderen interessiert eher die Musik, für einen dritten ist der Eintrittspreis ausschlaggebend, usw.)

5. Einer negativen Beurteilung des Produktes (bevorstehendes Konzert und der Band an sich) wirkt der Anbieter (die Band) schon frühzeitig entgegen, indem er ansprechende Werbung betreibt und versucht, eine positive Wahrnehmung des Produktes (Image der Band und des

dazugehörigen Show-Acts) aufzubauen. Es kann auch sein, dass durch die Werbung der Band bei manchen Nachfragern bestimmte Bedürfnisse gerade erst aktiviert werden (ich möchte gerne mal die **sexy** Sängerin live sehen).

Diese Zusammenhänge wollen wir nun zum Abschätzen der Nachfrage (und der daraus zu erwartenden Anzahl an Konzertverträgen) im Auge behalten.

Zum Abschätzen der Nachfrage geht man pragmatisch am besten von einer Markt/Produkt Betrachtung aus. Hat man erst einmal eine geeignete Zielgruppe (interessierte Konzertbesucher) ausfindig gemacht (wie man Zielgruppen findet wird in Teil 2 noch ausführlich besprochen) und eine passende Vorstellung von der Musik und dem Show-Act für diese Zielgruppe entwickelt, ist die nächste Frage, wie hoch wohl deren Kaufkraft anzusetzen ist. Anders herum gefragt, lautet die Aufgabe, das Honorar der Band zu ermitteln – und zwar in der Höhe von der wir glauben, dass ein Veranstalter (er bezahlt die Band und verdient durch die Konzertbesucher) gerade noch bereit ist diesen Preis zu zahlen. Dieses Honorar muss dann noch die realen Ausgaben für das Konzert decken, d.h. die sich Rechnerisch ergebende Nettovergütung der Band muss mindestens 0 Euro oder aber eben mehr betragen.

Beispiel:

Nettovergütung : 1000,- Euro Bruttovergütung x 1,19=
+ Miete PA : 300,- Euro Honorar
+ Miete Licht : 200,- Euro
+ Miete LKW : 150,- Euro Honorar - Bruttovergütung =
+ Helfer(2) : 200,- Euro Umsatzsteuer
=Bruttovergütung : 1850,- Euro
+ Umsatzsteuer : 352,- Euro
=Honorar : 2202,- Euro

Jetzt werden die Werbeaktivitäten der Band und des Veranstalters betrachtet. Je umfangreicher die Werbung, desto mehr potentielle Besucher werden auf das Konzert aufmerksam gemacht. Abschließend ist unter Berücksichtigung der Einflussgrößen Zielgruppe, Werbung, Bedürfnis, Qualität der Band und ihrer Musik und dem Eintrittspreis eine mögliche Buchung der Band durch die in Frage kommenden Veranstalter zu schätzen:

- Wie groß ist unsere Zielgruppe ungefähr?
- Wie viele potentielle Veranstalter für solche Zielgruppen gibt es?
- Wie viele dieser Veranstalter können wir neugierig machen und erreichen, dass wir mit ihnen oder sie mit uns in Verbindung treten?
- Wie viele Veranstalter können wir nun auch noch von der Band und unserer Musik überzeugen?
- Wie viele der noch verbleibenden potentiellen Veranstalter werden uns letztendlich zu einem Honorar von 2200,- EURO buchen?

Beispiel: 100000-2000-250-100-30

3.2 Ermittlung des Kapitalbedarfs

Einen sehr großen Einfluss auf das wirtschaftliche Risiko eines Rockprojektes haben die Kosten, die das Projekt verursacht. Kosten ist die Bezeichnung für die getätigten Ausgaben der Band die ursprünglich in Geldeinheiten beglichen wurden. Bevor jedoch die Kosten entstanden sind, werden frei zur Verfügung stehende Geldmittel zur Begleichung der Anschaffung benötigt. Man spricht in diesem Fall von Kapital bzw. dem Kapitalbedarf für die gesamte geplante Anschaffung. Der Kapitalbedarf einer Band ergibt sich zum einen aus den Produktionsmitteln - Instrumente, Verstärker usw. müssen angeschafft werden - zum anderen ergibt er sich aber auch aus den Aktivitäten der Band: Werbekampagnen werden ausgeführt, Kontakte mit Veranstaltern aufgenommen, Telefonate geführt, Briefe geschrieben. Diese Ausgaben wollen wir im Folgenden ermitteln. Alle Kosten sollten sich auf konkrete Aktionen wie z.B. das Durchführen einer Konzerttour und deren zeitlichem Verlauf beziehen. Dabei spielt es keine Rolle ob man nun von einer neugegründeten oder einer bereits bestehenden Band ausgeht. Ausgaben bleiben Ausgaben, gleichgültig ob diese für die Erstanschaffung von Instrumenten (was ja auch eine konkrete Aktion ist) oder die Werbemaßnahmen für die 30. Konzertout erfolgen.

Ermittlung der Anlagekosten (Instumente, Bandbuss, PA, usw.)

Wofür und in welcher Höhe die Anlagekosten anfallen, sollte man durch eine genaue Auflistung ermitteln. Für die Anschaffungen einer neugegründeten Band könnte eine solche Liste etwa folgendermaßen aussehen:

Anlagekosten (Beispiel):

                      Euro   Euro

1. Instrumente
- Drums, Bass, Keyb., Git.,Voc.   1300,-.
- Verstärker   1000,-
- Anlage (Mischpult, Boxen, usw.)   700,-
- Effektgeräte   350.- 3350,-
2. Proberaum
   Umbau u. Installationsmaßnahmen: 3000,-
- Heizung, Strom, Schalldämpfung   1800,- 4800,-.
3. Einrichtung
- Möbel   2500,-
- PC, Handy/Telefon   1200.- 3700,-
4. Transportmittel
- PKW, LKW   6150,- 6150,-

               Summe Ak: . 18000,-

Beispiel: Anlagekonzeption:

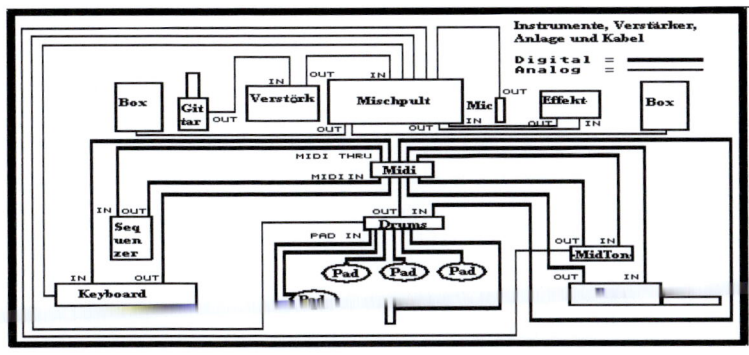

Hinweis: Für Anschaffungen betrachtet man am besten immer drei Alternativen. Die billigste, die teuerste und ein Objekt welches in der Mitte liegt. Stellt Überlegungen zur Zweckmäßigkeit der Investitionen an: Sind gebrauchte Instrumente nicht etwa genauso gut wie Neue? Wäre eine Gesangsanlage nicht etwa gewinnbringender einzusetzen als ein weiteres Effektgerät des Gitarristen? Wie sieht's mit qualitativen Kriterien aus? Lässt sich mit einer einfachen Gesangsanlage nicht etwa der gleiche Gewinn erzielen wie mit einer teueren? Kann die Investition auch zu einem späteren Zeitpunkt erfolgen?

Kredite

Bisher habe ich das Wort Kredit – mit Absicht – vermieden. Besonders bei der Erstausstattung der Band mit Instrumenten und der Anlage, könnte ein Kredit eine tragende Rolle spielen und natürlich habt ihr auch die Möglichkeit einen Kredit bei einer Bank oder Freunden aufzunehmen. Davon möchte ich aber grundsätzlich abraten, es sei denn es handelt sich um einen kurzfristigen Kredit unter günstigen Rückzahlungsbedingungen und einem wirklich kalkulierbaren Risiko des Rockprojektes, denn planen ist das eine - ein hilfreiches Instrumentarium des Managements - zum andern ist ein Plan aber ein Stück Papier über dem in großen Buchstaben steht: WAS WÄRE WENN...Die Chancen um mit Rock- oder Popmusik Geld zu verdienen sind bei entsprechendem Können und persönlichem Einsatz sicherlich vorhanden – um allerdings mit Krediten herumjonglieren zu können, sollte man schon eine Menge Erfahrung haben und die finanziellen Schwankungen eines Rockprojektes gut abschätzen können (s. S. 38). Deshalb mein Rat: erst mal kräftig auf dem Trockenen üben und dann erst Kopf über ins kalte Wasser springen.

Ermittlung der Geschäftskosten

Nicht nur die Anschaffung von Anlagen oder Teilen davon verursacht Kosten welche die Finanzplanung beeinflussen, sondern auch die vielen kleinen und großen Beträge, die anfallen, damit eine Band überhaupt funktionieren kann: Betriebskosten für den Proberaum und Kosten für die Werbung wären in diesem Zusammenhang wohl die wichtigsten Punkte. Hier ein Überblick:

Geschäftskosten:
(Berechnungszeitraum: 1 Jahr)

	Euro	Euro
1. Werbung (siehe Teil 2)		.....
2. Betriebskosten		
- Proberaum: Miete, Heizung, Strom	...	
- Internet, Telefon: Gebühren	...	
- Transportmittel: Benzinpauschale usw.	... .	
3. Verwaltungskosten		
- Porto, Briefpapier	... .	
4. Sachversicherungen		
- Instrumente, Feuer, Diebstahl usw.	... .	

Summe Gk: .....

Während sich die Anlagekosten relativ leicht ermitteln lassen, verteilen sich die Geschäftskosten teils regelmäßig, teils unregelmäßig über die gesamte betrachtete Planungsperiode. Das erschwert natürlich die Schätzung der anfallenden Finanzmittel und macht sie auch auf Grund von zukünftigen Preisschwankungen und der Möglichkeit, dass unvorhergesehene Mehrkosten anfallen, bis zu einem gewissen Grad ungenau. Eine differenzierte Betrachtung in zeitlichen Intervallen kann hier die Ermittlung der Kosten erleichtern.

Beispiel: Geschäftskosten

Kosten im Monat:	1	2	3	4	5	6	7	8	9	10	11	12	13
Betriebskosten	450	450	450	450	450	450	450	450	450	450	450	450	450
Verwaltungskost	20	20	20	20	20	40	20	60	60	80	80	80	20
Sachversicherungen	20	20	20	20	20	20	20	20	20	20	20	20	20
Werbung	-	-	-	500	-	-	2700	1400	1400	-	-	-	-
Summe	490	490	490	990	490	510	3190	1930	1930	550	550	550	490

Summe 1..13 = 12650,- Euro

Gesamtkapitalbedarf

Die Anlagekosten plus die Geschäftskosten ergeben nun den benötigten Gesamtkapitalbedarf der Planungsperiode.

Für unser Beispiel ergäbe sich damit:

Summe Anlagekosten	18000,- Euro
Kostenreserve (z.B.5%)	900,- Euro
Summe Geschäftskosten	12650,- Euro
Kostenreserve (z.B.23,7%)	+ 3000,- Euro
Gesamtkapitalbedarf	34550,- Euro

Dieser Kapitalbedarf ist nun von der Band aufzubringen, muss also von ihr finanziert werden. Vor allem vier Punkte sind dabei von besonderer Wichtigkeit und sind nicht zuletzt deshalb zu nennen, weil ihre Kenntnis auch für den Finanzmittelfluss von Bedeutung ist:

1. Die Anlagekosten sind möglichst durch Eigenkapital abzudecken.
2. Dieses Eigenkapital muss der Band langfristig zur Verfügung stehen. (Es ist teils durch den Kauf der Anlage gebunden!)
3. Die Geschäftskosten fallen periodisch an und müssen deshalb ständig im Auge behalten werden, weil andernfalls die Gefahr besteht, den Überblick über die Finanzen zu verlieren.
4. Die Bandkasse darf niemals völlig leer sein, weil sonst weitere Aktionen der Band nicht durchführbar sind.

3.3 Der Break-even-Point

Durch die Ermittlung des Gesamtkapitalbedarfs, der Anzahl der möglichen Konzertbuchungen und des Honorars haben wir nun drei Kennzahlen zur Verfügung, die eine Break-even-Point Analyse möglich machen und damit eine Beurteilung des wirtschaftlichen Risikos des geplanten Rockprojektes erlauben.

Der Anteil der Anlagekosten pro Planungsperiode plus die Geschäfts- und Werbekosten, dividiert durch die Nettovergütung der Band bestimmen die Größe des Break-even-Points, des Punktes, ab dem die Kosten des Rockprojektes abgedeckt sind und die Gewinnzone betreten wird. Der Break-even-Point gibt die Anzahl der hierzu notwendigen Konzerte an und stellt somit den kalkulatorischen Zusammenhang zwischen Anlagekosten (Investitionen), Geschäftskosten (inkl. Werbekosten), Preis der Band (Honorar) und Gewinn dar.

Der Zusammenhang sei wieder an einem Beispiel demonstriert:

Anlagekosten pro Planungsperiode[1]: $\dfrac{\text{Anlagekosten}}{\text{Nutzungsdauer der Investition}}$

$$\frac{18900,\text{- Euro}}{5 \text{ Jahre}} = 3780.\text{- Euro}$$

Geschäftskosten: 15650. - Euro
Nettovergütung pro Konzert: 1000. - Euro

Break-even-Point: $\dfrac{\text{Anlagekosten pro Periode} + \text{Geschäftskosten}}{\text{Nettovergütung}}$
(BeP)

$$\frac{3780,\text{- Euro} + 15650,\text{- Euro}}{1000,\text{- Euro}} = 19{,}43$$

Kalkulierter
Gewinn: (geschätzte Anzahl der Buchungen - BeP) x Nettovergütung

(30 - 20) x 1000,- Euro = 10000,- Euro

Die Zahl 19,43 sagt nun aus, dass die Band ab dem 21. Konzert Gewinne einspielt. Weiterhin sagt sie aber auch aus, dass zwanzig Konzertverträge mindestens an Land gezogen werden müssen, damit die Kosten des Rockprojektes auch abgedeckt werden können. Damit lässt sich das Risiko des Projektes genau beurteilen: Ist sich die Band sicher, dass sie die zwanzig Konzertverträge leicht festmachen kann, ist ein Risiko kaum vorhanden. Glaubt sie statt dessen aber, schon mit einer Hand voll Konzertbuchungen Schwierigkeiten zu haben, sollte sie ihre Kalkulation besser noch einmal überdenken.

Zum Entwickeln von Alternativkalkulationen kann sich die Band, ausgehend von der bereits vorhandenen Kalkulation, fragen:

[1] Sofern diese angefallen sind, annonsten 0. Eine

35

- ob ein höheres Honorar (Gewinn steigt, Nachfrage durch Veranstalter sinkt aber eventuell) oder ein niedrigeres Honorar (Gewinn fällt, Nachfrage steigt eventuell) nicht sinnvoller wäre.
- ob sich die Kosten nicht irgendwie senken lassen (Kapitalbedarf sinkt)
- ob nicht mehr Anwerbung potentieller Veranstalter (Kosten steigen, aber auch die Nachfrage steigt) besser wäre?

Vergleich der Alternativen
Dividiert man den Break-even-Point durch die geschätzte Nachfrage, also durch die veranschlagte Anzahl an Konzertbuchungen, erhält man einen Risikokoeffizienten: $20/30 = 0{,}66$. Dieser kann nun mit anderen Alternativkalkulationen verglichen werden.

Beispiele:

Alternative	A	B	C	D
Konzerthonorar: ·	2109,-	1539,-	1539,-	4560,-
Nettovergütung:	1000,-	500,-	500,-	2000,-
geschätzte Anzahl:	30	20	30	60
Kapitalbedarf ges.:	34550,-	22650,-	16500,-	52400,-
Anlagekosten:	18900,-	10000,-	7500,-	18900,-
Geschäftsk.incl.Wer.:	15650,-	12650,-	9000,-	33500,-
Werbekosten:	6000,-	3000,-	6000,-	20000,-
Anlagek.pro Periode:	3780,-	2000,-	1500,-	3780,-
Break-even-Point:	20	30	21	19
Gewinn:	10000,-	-4650,-	4500,-	82000,-
Risikokoeffizient:	0,66	1,5	0,7	0,31

Wie zu sehen ist, haben sowohl Alternative A als auch C unserer Beispielkalkulationen fast den gleichen Risikokoeffizienten (0,66 - 0,7). Bei A ist aber der Kapitaleinsatz mehr als doppelt so hoch wie bei Alternative C, dafür verspricht Alternative A aber auch den zweifachen Gewinn von Alternative C. An Beispiel B wird der Zweck des Risikokoeffizienten deutlich. Hier wurde die Anzahl der Konzertbuchungen aufgrund der geringen Werbeausgaben relativ niedrig geschätzt. Der Risikokoeffizient wird nun aber größer eins, womit ein Verlust von 4650,- EURO anfallen würde. Wir sehen also, dass wir es mit einer Fehlkalkulation zu tun haben. Halten wir diese wichtige Erkenntnis deshalb fest:

Je kleiner der Risikokoeffizient, desto geringer das Risiko, je größer der Risikokoeffizient desto größer das Risiko. Wird der Koeffizient 1 ist der Gewinn gleich Null, wird er größer 1, macht die Band Verluste.

Für welche Alternative die Band sich letztendlich entscheiden wird, hängt von ihrer Gewinnerwartung und der Risikobereitschaft ab. Jede Band wird deshalb nach subjektiven Kriterien Gewinn, Gesamtkapitaleinsatz und Break-even-Point gegeneinander abwägen.

Wenn eine Band beispielsweise viel Kapital zur Verfügung hat, und sie ihren Gewinn maximieren will, wird sie sich wohl für Alternative D entscheiden. Möchte sie den Kapitaleinsatz aber begrenzen, ist C die Ideallösung. A wäre dann wieder der Mittelweg zwischen diesen beiden Alternativen.

Ein letzter Punkt sei an dieser Stelle noch angesprochen: Vielleicht traut sich eine Band die Erfüllung des Break-even-Points zu, hat aber nicht genug Kapital zur Verfügung, um die anfallenden Kosten abdecken zu können. In diesem Fall wird sie den kalkulierten Gewinn zur Deckung der Kosten einbeziehen wollen. Hier ist aber höchste Vorsicht geboten. Man muss sich durch einen genauen Plan Klarheit über die anfallenden Einnahmen und Ausgaben der Planungsperiode verschaffen, will man nicht in die peinliche Situation geraten, plötzlich ohne Zahlungsmittel dastehen zu müssen. Das folgende Beispiel (Kapitalbedarf 56220,-Euro, vorhandenes Kapital 33500,- Euro, Beginn der Planungsperiode Juli) mag dies verdeutlichen: Ende März, Anfang April des Folgejahres sind die Finanzen der Band fast restlos erschöpft. Deshalb **muss** bereits im Februar die erforderliche Anzahl an Konzertverträgen zur Deckung der anfallenden Kosten unterschrieben sein.

Einnahmen/Ausgaben Übersicht

		Jul	Aug	Sept	Okt	Nov	Dez	
1	Guthaben	33500	17830	17760	17790	13880	14110	➪
2	Einnahmen:							➪
	-Konzerte*	-	-	-	-	-	-	
	-Party Service	-	100	200	300	400	400	
	-Unterricht	270	270	270	270	270	270	
	-Werbung	-	-	-	-	-	800	
3	Ausgaben:							➪
	-Tourkosten	-	-	-	-	-	-	
	-Betriebskosten	400	400	400	400	400	400	
	-Verwaltungsk.	20	20	20	60	20	60	
	-Sachversich.	20	20	20	20	20	20	
	-Werbekosten	-	-	-	1000	-	2200	
4	Investitionen:							➪
	-Instrumente	15000	-	-	3000	-	-	
	-Proberaum	500	-	-	-	-	-	
	-Einrichtung	-	-	-	-	-	-	
5	Endbestand des Guthabens:	17830	17760	17790	13880	14110	12900	➪
	1+2-(3+4)=5							

		Jan	Feb	März	Apr	Mai	Jun	
➪	Guthaben	12900	9840	9580	2470	8070	15650	1
➪	Einnahmen:							2
	-Konzerte	-	-	-	14800	18500	22200	
	-Party Service	-	-	-	-	-	-	
	-Unterricht	270	270	270	-	-	-	
	-Werbung	-	-	-	-	-	-	
➪	Ausgaben:							3
	-Tourkosten	-	-	6800	8500	10200	-	
	-Betriebskosten	450	450	500	600	600	400	
	-Verwaltungsk.	60	60	60	80	100	20	
	-Sachversich.	20	20	20	20	20	20	
	-Werbekosten	2800	-	-	-	-	-	
➪	Investitionen:							4
	-Instrumente	-	-	-	-	-	-	
	-Proberaum	-	-	-	-	-	-	
	-Einrichtung	-	-	-	-	-	-	
➪	Endbestand des Guthabens:	9840	9580	2470	8070	15650	37410	5
	1+2-(3+4)=5							

* Konzerteinnahme = Berechnetes Honorar - MwST

Damit hätten wir das Kapitel Organisation und Planung abgeschlossen. Ihr wisst nun, wie man ein leistungsfähiges Team aufbaut, und ihr habt ein klar umrissenes Ziel vor Augen. Es drückt sich durch euer musikalisches Konzept aus. Sicherlich habt ihr auch die Vorteile der Planung erkannt und berücksichtigt nun, dass Planung eine notwendige Angelegenheit ist, dass sie die Arbeit wesentlich erleichtert, und dass sie unliebsame Überraschungen schon im voraus ankündigt. Ihr habt im Gegenzug aber auch erfahren, dass man sich nicht blindlings auf Pläne verlassen darf. So hoffe ich, dass ihr in Zukunft des Planens nicht müde werdet und vor allem euren gesunden Menschenverstand zur Beurteilung der eigenen „kreativen Planungsarbeit" einsetzt.

Kreative Arbeit wird von euch aber nicht nur im Planungsprozess, sondern auch und gerade bei der Vermarktung eurer Musik - Thema des nächsten Teils - gefordert.

Weil das alles in allem aber harte Arbeit ist, solltet ihr hin und wieder mal an eine Pause denken. Pausen sind ein wichtiger Bestandteil des Arbeitens. Gewöhnt sie euch an und nutzt sie vor allem regelmäßig. Schaltet auch mal ab, dann könnt ihr hinterher mit frischer Kraft weiterarbeiten.

Viel Spaß also beim Weiterlesen in Teil 2...

Teil 2

Vermarktung

Es gibt mehrere Arten, eine gegebene Position mit ein und derselben Armee einzunehmen. Ich behandele meinen Gegenstand stets auf mehrere Arten. (Napoleon)

4. Das „Bandimage"

Unter dem Image einer Band verstehen wir die Gesamtheit der Meinungen, welche die Umwelt (Publikum, potentielle Veranstalter, usw.) von der Band hat. Hat sich noch kein bestimmtes Image herausgebildet, kann die Band durch ihr Verhalten diese Meinungsbildung beeinflussen. Hauptsächlich erreicht sie dies, indem sie möglichst positiv auf ihre Umwelt wirkt. Allgemein wirkt jemand dann – auch neben anderem - positiv auf einen anderen Menschen, wenn er dem anderen bestimmte Gefühle bzw. bestimmte Erlebnisse vermitteln kann.

4.1 Erlebnisvermittlung durch motivierendes Verhalten

Jedes Verhalten kann als motivierend (diese Band möchte ich gerne live sehen – von dieser Band möchte ich gerne eine CD haben) und damit als erfolgversprechend bezeichnet werden, welches dem Publikum/Fan eines oder mehrere der folgenden Erlebnisse vermittelt:

- Erotik/Sex
- Prestige
- Natürlichkeit
- Abwechslung/Neuartigkeit
- Erfolg
- Überlegenheit
- Geselligkeit
- Jugendlichkeit

Diese acht Erlebnis- und Gefühlswirkungen werden von einer Band auf drei Arten vermittelt:

1.) durch die Musik selbst
2.) durch die Personen der Band (bzw. ihrer Fähigkeit, Erlebnisse z.B. durch ihre Bühnenshows zu vermitteln) und
3.) durch die Werbemittel der Band (Erlebnis-Vermittlung durch Fotos, Plakate, Videos, Webauftritte usw...)

43

Allerdings ist unbedingt darauf zu achten, dass alle drei Gefühls- und Erlebniskomponenten aufeinander abgestimmt sein müssen.

Die Leute wären wohl nicht sonderlich davon begeistert, wenn die Jungs einer Heavy Metal Band Notenständer mit Noten zum ablesen vor sich stehen hätten. Ebenso schlecht würde es sich wohl machen, wenn eine Folk-Sängerin zu ihren Folksongs wilde Luftsprünge auf der Bühne veranstaltet oder eine brave Schlagersängerin mit „Strapse und Korsette" bekleidet an die Öffentlichkeit ginge. Es wäre aber auch kaum erfolgversprechend, wenn das Konzert-Plakat einer heißen Discogruppe genauso langweilig gestaltet wäre wie das übliche Passfoto für den Personalausweis. Wichtig ist: zu einer bestimmten Musik gehört die richtige Person - die richtigen Personen - und die richtige Werbung.

Doch bleiben wir vorerst bei der Person. Eine Person vermittelt Erlebnisse wie Erotik, Prestige, Natürlichkeit usw. durch ihre Körpersprache. Körpersprache ist aber eine sehr komplexe Sache. Deshalb wollen wir sie im Folgenden in ihre Bestandteile zerlegen. Wenn wir dann ein gewisses Gespür für die Bestandteile der Körpersprache entwickelt haben, fällt es auch nicht mehr allzu schwer, das eigene Verhalten in die gewünschte Richtung zu lenken.

4.2 Bestandsaufnahme der Körpersprache

Was Körpersprache ist und wie vielseitig die Sprache des Körpers sein kann, macht ihr euch am besten anhand von Videoclips verschiedener Bands und Interpreten klar. Im Gegensatz zu Verhaltensanalysen einer live spielenden Band hat die Aufzeichnung den Vorteil, dass man sie mehrmals betrachten, sowie das Standbild benutzen kann.

Zu jedem der unten aufgeführten Eindrücke solltet ihr nun mindestens einen beschreibenden Begriff finden, der das Verhalten der betrachteten Band bzw. des betrachteten Interpreten möglichst genau wiedergibt.

Achtet bei eurer Analyse wirklich auf jede Kleinigkeit und gebt euch nicht mit voreiligen Begriffen zufrieden. Denkt daran, ihr sollt das gesamte sichtbare und hörbare Verhalten eines Menschen beschreiben und das ist bei weitem keine leichte Aufgabe. Wie umfangreich eine solche Analyse werden kann, habe ich an einem fiktiven Beispiel dargestellt. Anhand dieses Beispiels sollte euch auch klar werden, was unter den einzelnen Punkten zu verstehen ist. Beachtet bitte unbedingt, dass sich das Beispiel nur auf die Beschreibung **einer** Person bezieht.

Anmerkung: Zur Körpersprache des Menschen gehört auch die Art wie er sich kleidet. Durch seine Kleidung signalisiert der Mensch seiner Umwelt, was er ist oder was er sein möchte. Auch diese Aspekte sind gerade für die Imagebildung der Band von besonderer Wichtigkeit.

Visuelle Eindrücke
1.1 Körperliche Erscheinung:
Mädchen, ca. 17 Jahre alt, dunkelhaarig, Haare zu einem Pferdeschwanz zusammengebunden, harmonische Gesichtszüge, große schwarze Augen, geöffnete (große) Pupillen, hohe Stirn, volle Lippen, groß und schlank, knackiger Po, mittelgroßer Busen

1.2 Haltung:
gelassen und aufrecht, Körper und Beine bilden eine gerade Linie, Kopf oft ein wenig zur Seite geneigt, dadurch naive, unschuldige Wirkung

1.3 Bewegungen:
flotte Tanzart mit weit ausladenden Schritten und unvermitteltem Übergang zu einer Mischung von Flamenco- und Bauchtanz, verbale Äußerungen werden durch Gestik und Mimik unterstützt. Zurückwerfen des Kopfes nach Sprechpausen, häufiges Anwinkeln des rechten Beines und Berühren der Oberschenkel mit den Händen

2.1 Gangart:
gleichmäßige, gegliederte Bewegungen beim Laufen

2.2 Gesten:
beim Nachdenken Zeigefinger der rechten Hand an den rechten Nasenflügel und offenes Grinsen, Kußhand zuwerfen, Kopfnicken, mit ausgebreiteten Armen auf jemand zugehen

2.3 Mimik:
herzliches Lächeln und freches Augenzwinkern, manchmal schwaches
und kurzes Stirnrunzeln, Hochziehen der Augenbrauen, Beben der
Nasenflügel

2.4 Ticks:
keine

3.1 Geschicklichkeit:
besonders gelungen wirken Gesten und begleitende Mimik, welche
verbale Äußerungen unterstützen

3.2 Beweglichkeit:
Reaktionen erfolgen rasch, Übergänge vom Stehen zum Laufen und in
den Tanz wirken fließend, Kopf, Körper, Arme und Beine bilden
eine dynamische Einheit

3.3 Rhythmus:
bewegt

4.1 Gefühlsreaktionen:
Lachen, Schulter zucken, Augen rollen, Kopf zur Seite neigen

4.2 Verhalten im Raum:
Offenes, unbekümmertes Verhalten, keine Abwehrsignale

5.1 Kleidung:
weiße edle Lederjacke, schwarze Bluse, weißer Minirock(ebenfalls
aus Leder), schwarze Strümpfe, schwarze hohe Pumps

5.2 Schmuck:
großer, goldener Ohrring am linken Ohr, weiße Sonnenbrille, breiter,
einseitig an der Hüfte herabhängender Gürtel

5.3 Accessoires:
weiße Handschuhe, Gürtel, Sonnenbrille

5.4 Frisur:
Pferdeschwanz, Haare etwas zottig getragen

5.5 Make-up:
dezentes, „natürliches" Make-up

Gehöreindrücke

1.1 Tonlage, Rhythmus, Vortragsart und Spannweite der Stimme, Lachen:
helle Stimme, sprudelnder, fröhlicher Klang, mädchenhaftes Lachen

1.2 Vortragsstörungen:
keine

Nach dem ihr eine solche Verhaltensanalyse gründlich durchgeführt habt, werdet ihr sicherlich festgestellt haben, dass die analysierte Person über ein ganz bestimmtes Ausdrucksrepertoire verfügt. Dieses Repertoire spiegelt eine Mischung der acht Erlebnis-Wirkungen wieder. Das könnt ihr leicht überprüfen, indem ihr versucht, jeden gefundenen Begriff einem der acht Schlüsselerlebnisse Erotik, Prestige, Natürlichkeit, Neuartigkeit, Erfolg, Überlegenheit, Geselligkeit oder Jugendlichkeit zuzuordnen.

Wenn ihr euch die Mühe macht und noch ein paar andere Videoclips oder Interviews mit Popstars analysiert, werdet ihr deren Verhalten immer wieder auf die acht Schlüsselerlebnisse zurückführen können, mal dominiert die Neuartigkeit, mal der Sex usw.

4.3 Das Image-Konzept

Für eure Aktivitäten in Sachen Werbung bzw. für die Präsenz der Band auf Konzerten ist es unerlässlich, ein ganz konkretes Image-Konzept zu entwerfen, d. h. ein Verhaltenskonzept auszuarbeiten, das Erlebnisse vermittelt und repräsentativ für die Band ist.

Dieses Konzept sollte eine beliebige Kombination der acht Erlebnis-Wirkungen durch die Elemente der Köpersprache darstellen. Selbstverständlich kann man sich nicht dicker und nicht dünner machen, als man in Wirklichkeit ist, und man kann auch keine langen blonden Haare in ein Imagekonzept aufnehmen, wenn man eine Glatze hat, aber das ist auch gar nicht Sinn und Zweck der Übung. Hier soll nicht ausgedacht werden, wie man dieses oder jenes Image am besten kopieren könnte, sondern es soll gerade das Gegenteil bewirkt werden: Die eigene Persönlichkeit abtasten und all die vielen Elemente der eigenen individuellen Körpersprache ausfindig machen, die in irgendeinem Zusammenhang mit den acht Schlüsselerlebnissen stehen. Hat man einen Ansatzpunkt gefunden, sollte man überlegen wie man diesen „überhöhen" kann (im Besonderen auch durch das Styling), man könnte auch sagen ein wenig übertreibt oder noch deutlicher: Was kann man alles an der gefundenen Basiswirkung noch so steigern, so dass es auch dem Letzten auffällt, es aber gleichzeitig noch natürlich und nicht aufgesetzt wirkt oder aber: was kann man Aufsetzen und ist doch noch in der Lage es natürlich rüber zu bringen!

Wie wäre z.B. folgende Umsetzung einiger Erlebnis-Wirkungen in einem Konzert (ungeachtet ob es sich technisch und/oder finanziell realisieren lässt):

Auf der Bühne ist im Hintergrund eine riesige Leinwand auf der ein Teil eines fremdartigen Planeten aus dem Weltraum betrachtet zu sehen ist. Die Bühne selbst ist am Boden von Eisnebel bedeckt. Es sind donnernde mechanische Geräusche zu hören. Dann fahren vier Gestalten aus dem Boden der Bühne auf. Bis sie in voller Größe zu sehen sind, sind sie etwa vier Meter hoch (realisiert z.B. mit Stelzen-Prothesen). Es sind Aliens mit einem fremdartigen Gesicht (Gummimaske) und breiten Schultern aber sonst recht schlank. Zwei davon haben eine Gitarre umhängen, einer einen Bass, der letzte ein Drumpad. Kaum dass sie in voller Größe zu sehen sind, beginnen sie zu spielen: eine Mischung aus Techno und Haevy Metal. Dann fährt noch eine fünfte Person aus dem Boden auf: es ist eine Frau, nur mit ledernem schwarzem Büstenhalter, Slip und hohen Stiefel bekleidet aber fast genauso groß wie die Aliens. Sie singt. Nach einigen Takten geht sie weiter nach vorne auf der Bühne und die Aliens beginnen im Hintergrund leicht hin und her zu tanzen....

Man kann sich die Skizze sicherlich lebhaft vorstellen. Das sind die Elemente: Aliens (Neuartigkeit), vier Meter hoch (Überlegenheit), Sängerin (Erotik), Tanz der Aliens (Natürlichkeit), Techno-Metal (Neuartigkeit). Übrigens: der Hörer sollte bei solchen musikalischen Neuschöpfungen sofort erkennen, das hier eine Mischung aus diesen und jenen Stilen gespielt wird, er sollte allerdings nicht dahinter kommen WIE dies gemacht wird – andernfalls ist es zu durchschaubar. Er hat dann keine tiefgründige Anerkennung für die Idee.

Allein schon für diese Umsetzung wären wahrscheinlich Wochen täglicher Arbeit fällig – also nichts mit Sex, Drugs und Rock'n'Roll. Ich hoffe ihr spürt das: es geht hier wirklich um harte Arbeit!

Hier findet ihr die Analyse der Köpersprache einer Person im Hinblick auf deren Erlebniswirkung (Natürlichkeit ist dominant):

Person	1	2	3	4	5	6	7	8
Körperliche Erscheinung:																		
Haltung												
Bewegungen:														
Gangart:										
Gesten:							|||	
Mimik:														
Ticks:								
Geschicklichkeit:									
Beweglichkeit:									
Rhythmus:									
Gefühlsreaktionen:			||||					
Verhalten im Raum:											
Kleidung:	|||	||						
Schmuck:											
Accessoires:									
Frisur:			||					
Make-up:									
Gehöreindrücke:									
Summe:	11	5	15	1	4	7	5	5

1=Erotic, 2=Prestige, 3=Natürlichk., 4=Neuartigk., 5=Erfolg
6=überlegenheit, 7=Gesellimhni t. # Jugendlichkeit

49

5. Das Werbefoto

Ihr wisst nun, welche Elemente der acht Erlebnis-Wirkungen durch eure Körpersprache besonders intensiv vermittelt werden. Diese Elemente gilt es nun in ein Foto umzusetzen (wer will, auch in ein Video).

Das Foto ist neben dem Geschäftsbrief (bzw. E-Mail) - und natürlich neben eventuell vorhandenen CD's (mehr dazu weiter unten) - das wichtigste Webemittel, das euch zur Verfügung steht.

Ein Foto kann vielfältig eingesetzt werden: als Basis eines Plakates, zur Abgabe an Presse und Zeitungen, Gestaltungsmittel und Blickfang für Informationsmaterial, als CD - Cover und nicht zuletzt als Autogramm- oder Eintrittskarte.

Immer das gleiche Foto, immer der gleiche Zweck: Imagewerbung. Doch wer macht euch dieses wichtige Foto? Solltet ihr zufällig jemanden kennen, der Industrie-, Graphik- oder gar Foto-Designer ist oder vielleicht noch studiert, dann seid ihr aus dem Schneider. Vertraut ihm euer Image-Konzept an, und er wird die Idee in hochwertige und auch wirksame Werbefotos umsetzen. Bei allen anderen Fotografen, also Hobby-, aber auch Berufsfotografen (Portraitfotografen usw.), die noch nie etwas mit Werbung zu tun hatten, klappt das meistens nicht so gut. Diese Leute machen zwar technisch hervorragende Bilder, haben allerdings selten eine Ahnung von den psychologischen Wirkungen, die ein Werbefoto haben muss. Da können schnell einige hundert Euro Fotografenhonorar zum Fenster hinausgeworfen sein.

Anders verhält es sich natürlich mit den Fotografen, die lediglich die Materialkosten berechnen und erst dann ein Honorar verlangen, wenn die Fotos auch entsprechend der Werbe-Idee, des Image-Konzeptes realisiert wurden. Nun gibt es aber noch eine dritte Möglichkeit, die ich hier anführen möchte: Ihr macht die Fotos einfach selbst.

Diese Lösung ist meines Erachtens sogar die beste. Ihr spart das Honorar für den Fotografen und bekommt so nebenbei noch Einblicke in die visuelle Kunst, wodurch das bildliche Denken deutlicher wird und damit auch die Fähigkeit, Körpersprache umzusetzen. Nicht zuletzt erarbeitet ihr euch durch dieses Projekt eine gewisse Sensibilität, die später beim Gestalten einer Bühnenshow von großem Nutzen sein kann.

Klar, dass bei solchen Selfmade-Versuchen die ersten Schnappschüsse wahrscheinlich daneben gehen, aber ihr werdet auch feststellen, dass spätestens dann, wenn die ersten technischen Probleme überwunden sind, das Ganze auch eine Menge Spaß machen kann und die Ergebnisse sogar brauchbar werden. Was bleibt mir noch viel zu sagen, leiht euch bei jemandem eine Kamera, und die Arbeit kann beginnen...

Die Fotoausrüstung

Ihr benötigt eine Digitalkamera, ein oder mehrere leistungsstarke Blitzgeräte, sowie einige weiter unten beschriebene Utensilien

Das richtige Licht

Draußen: Bei leichter Bewölkung steht uns im Freien das wirkungsvollste Sonnenlicht zur Verfügung. Schatten fallen weich aus, und die Bilder werden gleichmäßig ausgeleuchtet.

Wenn keine Wolken am Himmel sind, helfen wir uns mit einem künstlichen Lichtweichmacher aus. Auf einen Holzrahmen aufgespanntes Transparentpapier bremst die harten Sonnenstrahlen, die Beleuchtung wird gleichmäßiger.

Standorte: Kamera - Motiv - Lichtquelle (Lichtweichmacher)

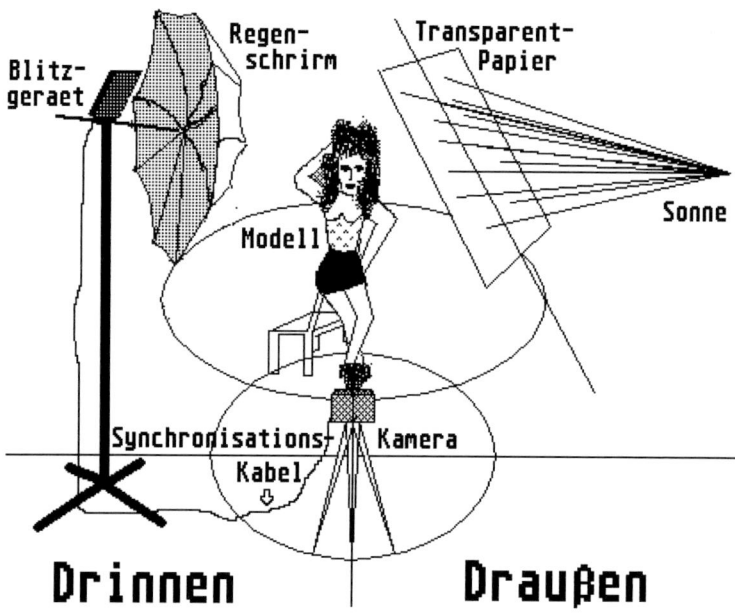

Drinnen | **Draußen**

Drinnen: Aufnahmen in Innenräumen leuchtet ihr mit einem leistungsfähigen Blitzgerät aus. Auch hier wird das Licht weichgemacht, diesmal aber mit einem weißen Regenschirm, den ihr vor das Blitzgerät haltet.

Die kreative Gestaltung des Bildes

Personen und Hintergrund bilden die Gestaltungselemente für euer Werbefoto.

Zu den Personen: Die Personen treten natürlich entsprechend dem Image-Konzept vor die Kamera. Dazu gehört die Beachtung der gesamten Körpersprache, einschließlich eines ausgefeilten Stylings (Frisur, Make-up, Kleidung, Accessoires).

Zur Wahl des Hintergrundes: Milieu-Hintergründe beleben ein Foto ungemein und wirken meistens am besten (Milleu = Schauplatz oder Handlungsort). Leider ist es aber nun mal so, dass die besten Bilder auch am schwierigsten zu machen sind. So muss das dargestellte Milieu auch eine konkrete Beziehung zu den Personen und dem beabsichtigten Image aufzeigen. Ist dies nicht der Fall, wirkt das Bild aufgesetzt und gekünstelt. Leichter zu handhaben sind da schon eher neutrale oder leicht strukturierte Hintergründe. Vorsicht ist aber auch hier geboten, besteht doch die Gefahr, langweilige und eintönige Fotos zu machen. Ein strukturierter Hintergrund könnte beispielsweise ein Kornfeld, die Fassade eines Hochhauses oder einfach nur ein paar kreuz und quer aufgehängte Bettlaken sein. Es gibt da unzählige Möglichkeiten - je nach beabsichtigter Wirkung. Als neutraler Hintergrund käme ein glattes Mauerwerk ebenso wie eine Fotoleinwand oder ein Tuch in Frage. Achtet in jedem Fall darauf, dass der Hintergrund nicht etwa durch helle Farben, imposante Gegenstände, Sachen oder Bauwerke ungewollt zum Vordergrund wird und damit jede Wirkung der Person zunichte macht.

Wenn der Hintergrund feststeht, gilt es, das Hauptelement des Bildes in Szene zu setzen: die Personen der Band. Szenisch, d. h. lebendig, sollen sie vor der Kamera posieren. Wenn die Personen auf dem Foto natürlich und nicht gestellt wirken, ist die halbe Miete schon bezahlt. Das natürliche Foto verfehlt seine Wirkung nie, selbst wenn die beabsichtigte Image-Wirkung auf im Grunde genommen extrem „unnatürliche" Ziele, wie z. B. die Vermittlung von Prestige-Erlebnissen, ausgerichtet ist.

Da es recht schwierig ist, mehrere Personen gleichzeitig optimal abzulichten, könnt ihr, wenn ihr möchtet, nur den Frontmann eurer Band auf's „Zelluloid" bannen. Wer mehr als eine Person ins Bild bringen möchte, es aber nicht schafft alle zusammen optimal mit der Kamera einzufangen kann eine der folgenden Möglichkeiten in Betracht ziehen. Auf dem Foto erscheint:

a.) ein Bandmitglied, die anderen nur angedeutet: Sänger/in im Vordergrund, der Rest der Band als Silhouette im Hintergrund.

b.) Zwei Bandmitglieder; Im Vordergrund der Sänger oder die Sängerin, im Hintergrund eine weiteres Bandmitglied.

c.) alle Bandmitglieder: Aufgenommen wird jeder einzeln und dann alle Bandmitglieder am Computer mit einer Bildbearbeitungssoftware auf den – ebenfalls separat aufgenommenen - Hintergrundbild kopiert (geht z.b. mit Photoshop Elements).

Doch gleichgültig, ob wir nur den Frontmann unserer Band auf's Bild bringen möchten oder irgendeine andere Lösung in Erwägung ziehen, wir müssen noch weitere Faktoren beachten, die für ein gutes Foto wichtig sind.

Neben dem Hintergrund, der Anzahl der zu fotografierenden Personen und der lebendigen Gestaltung des Fotos beeinflussen noch diejenigen Parameter die Bildqualität, die unmittelbar vor der Aufnahme zu beachten sind.

Die Wahl des Blickwinkels wäre hier als erstes zu nennen. Um den richtigen Blickwinkel herauszufinden, muss der Fotograf sein Modell von allen Seiten begutachten. Nur mit dem Auge an der Kamera wird es ihm schließlich gelingen, die optimale Position ausfindig zu machen.

Weiterhin wäre noch die Wahl des Objektives und folglich des Bildausschnittes zu erwähnen. Leichte Weitwinkelobjektive (35mm-50mm) werden dazu benutzt, um neben der Person mehr Raum bzw. Hintergrund ins Bild zu nehmen. Objektive mit größerer Brennweite als 50 mm erlauben dagegen eine ausschnitthafte Abbildung des Hauptelementes, also der Person.

Der dritte und vorletzte Parameter ist - neben der Wahl des richtigen Lichtes - zugleich auch der wichtigste: Die Schärfeeinstellung. Ein unscharfes Foto wirkt auf unser Auge etwa genauso wie der Klang einer Stereoanlage auf unser Ohr wirkt, wenn deren Lautsprecherboxen in einer gefüllten Badewanne stehen.

Es ist also sehr, sehr wichtig, sein Objektiv auf die richtige Schärfe einzustellen. Wer seinen Bildern die optimale Schärfe verleihen will, sollte unbedingt immer auf das Gesicht der Hauptperson des Bildes scharf stellen.

Kommen wir zum letzten und schwierigsten Aspekt der Fotografie, dem Abdrücken des Auslösers im richtigen Moment. Man kann ja viele Tipps zum Verwirklichen eines guten Fotos geben, aber dies ist der Augenblick, wo derjenige, der das Bild schießt, völlig auf sich alleine gestellt ist. Entscheidet er sich für den dramatischen, den fröhlichen, den effektvollen Moment? Er wird in den meisten Fällen hinterher selbst nicht mehr so genau wissen, warum er gerade an dieser oder jener Stelle abgedrückt hat. Allemal ist eines sicher: Selbst ausgebufften Profis gelingt nur selten ein perfekter Schuss auf Anhieb.

Top-Fotos durch „Action" vor der Kamera

Die folgenden Bilder zeigen euch, wie man durch Bewegung vor der Kamera Leben ins Bild bringt. Auf diese Weise entstehen fast immer interessante Bilder.

Technisch realisieren lässt sich diese Art der Aufnahme durch die Serienbildfunktion der Kamera. Diese Zusatzfunktion schießt mehrere Bilder pro Sekunde und Auslösung.

Vorausgesetzt „die Models" vor der Kamera haben ein bisschen Gespür für ästhetische Bewegungsabläufe werden eure Bilder sehr viel interessanter für den Betrachter.

Wenn's mit den Bewegungsabläufen nicht so klappt wie gewünscht, dann studiert einfach eine kleine Szene ein, welche die Models immer wieder vorwärts und rückwärts ausführen.

Der Kameramann braucht dann einfach nur noch die Kamera „draufzuhalten" und die Bildfolge zu schießen.

Von dem besten Bild macht ihr dann eine Vergrößerung und ergänzt es am Computer mit dem Bandnamen oder dem Text der gerade eure Ansprüche erfüllt.

Abb.: Andeutung einer Plakatgestaltung mit dem Werbefoto

6. Die Möglichkeiten der Werbung

1. Massenumwerbung: Unter Massenumwerbung versteht man das Ansprechen eines großen Personenkreises mit gleichen Interessen und gleichen Verbrauchsgewohnheiten. Die Massenumwerbung zielt in erster Linie durch Kollektivwerbemittel auf die Manipulation des Endverbrauchers ab. Die Materialschlacht in diesem Bereich der Werbung ist jedem von uns hinlänglich bekannt. Von früh bis spät prasseln Werbebotschaften in Schrift, Bild und Ton, in allen Formen und Farben und mit Hilfe zahlreicher Medien wie Plakate, Funk- und Fernsehspots oder Anzeigen in Zeitungen und im Internet auf uns ein. Auch im Bereich der Rock- und Popmusik, und nicht nur im professionellen Lager, tut sich da einiges. Wer hier ernsthaft mitmischen will, braucht, außer sehr viel Geld, auch gute Werbekonzepte und geeignete Werbefachleute, welche diese Konzepte umsetzen können.

2. Einzelumwerbung: Diese Art der Werbung ist für die Zwecke einer Amateur- oder Semiprofessionellen Rockband schon wesentlich effektiver. Die Einzelumwerbung wendet sich nämlich nur an eine einzelne Person bzw. eine kleine Gruppe von Personen. Man kann also sehr gezielt und auch viel günstiger und wirksamer werben.

Das Instrument der Einzelumwerbung ist der Werbebrief bzw. das Werbegespräch. Werbebrief und Werbegespräch dienen zur Kontakt-aufnahme mit sogenannten Schlüsselfiguren. Alle Menschen, die im Rahmen der Kommunikation eine besondere Aktivität entfalten, sind Schlüsselfiguren. Schlüsselfiguren werden von der Band „eingesetzt", um mit ihrer Hilfe schwer erreichbare Konsumenten zu informieren und zu beeinflussen.

Ein Beispiel: Das Ziel unserer gesamten Werbeaktivitäten ist ja, unsere Musik einem zahlenden Publikum zu präsentieren. Der (vorerst) schlechtere Weg hierzu: eine Halle mieten, Plakate drucken, im Umkreis von einigen Kilometern aufhängen und schließlich warten, ob jemand kommt. Der bessere: Man sucht nach einer aktiven Schlüsselfigur. Eine solche Schlüsselfigur wäre z.B. ein engagierter Schulsprecher, der sich unter anderem auch bemüht, im Jahreslauf ein unterhaltsames Schulfest auf die Beine zu stellen. Hat man diesen Schulsprecher einmal gefunden, dann braucht man ihn nur noch von der Band und deren Unterhaltungswert zu überzeugen. Der Schulsprecher gibt dann die Informationen an die Klassensprecher weiter, diese wiederum an die Schüler und schon ist man sich eines „großen" Publikums sicher. Bei einem Unkostenbeitrag von einigen Euro pro Schüler als Eintrittspreis am Konzertabend war das ganze dann auch eine finanziell für alle Beteiligten lohnende Angelegenheit.

Wir einigen uns also auf die Anwendung der Einzelumwerbung. Halten wir an dieser Stelle fest: Die Einzelumwerbung erreicht den Endverbraucher (das Publikum) indirekt, die Schlüsselfigur (wie im Beispiel den Schulsprecher) aber sehr direkt. Weil es mitunter aber gar nicht so leicht ist, Schlüsselfiguren ausfindig zu machen, möchte ich euch zu diesem Thema noch ein paar Anregungen geben:

6.1 Der Musik-Markt

Ich verrate wohl kein Geheimnis, wenn ich hier noch einmal betone, dass sich auf den konventionellen Musikmärkten allerlei Konkurrenten tummeln: Schallplattengesellschaften werden täglich mit Demobändern von Amateurbands überhäuft, und manchmal können sogar regionale Kulturveranstalter sich schon nicht mehr vor Auftrittsgesuchen junger Rock- und Popbands retten.

Trotzdem kann man auch heute noch Erfolge verbuchen, allerdings braucht man einen festen Willen und eine gute Portion geistiger Flexibilität. Wer noch vom sorglosen Dasein eines Superstars träumt, der sollte besser weiter träumen, denn die Realität sieht alles andere als traumhaft aus. Hier heißt es mit beiden Beinen im Leben stehen und zupacken, wo immer man vorwärts kommen will. Eine realistische Betrachtung des Musik-Marktes ist deshalb unbedingt erforderlich.

Realistisch soll heißen, dass man nur dort versucht zu agieren, wo man auch tatsächlich etwas ausrichten kann. Es wird niemand behaupten, dass man heute als Newcomer keinen Plattenvertrag mehr bei einer großen Schallplattengesellschaft bekommen kann, aber es nutzt nun mal herzlich wenig, wenn man sich dort penetrant mit einem Demoband bewirbt, das einfach nicht die Maßstäbe erfüllt, welche an Songs gestellt werden (müssen!), die letztlich ein paar Millionen Euro

Produktions- und Werbekosten (das ist nicht übertrieben!!!) wieder einspielen sollen.

Wie schon angedeutet, sollte man als Musiker von seiner Kreativität nicht nur in Sachen Musik, sondern auch in geschäftlichen Angelegenheiten Gebrauch machen. Es gilt deshalb, Märkte ausfindig zu machen, auf denen auch tatsächlich noch eine Nachfrage herrscht. Die Rede ist von Marktnischen.

Wie erschließt man sich aber – zunächst nur ganz allgemein - eine Marktnische?

Nun, man spezialisiert sich auf bestimmte Z i e l g r u p p e n (breite Masse, potentielle Veranstalter, Freaks, Teenager, Außenseiter, Schlüsselfiguren, usw.), M ä r k t e (Schallplattenindustrie, Kulturbetrieb, Szenekneipen, usw.) oder P r o d u k t e (klassisches Konzert, Mega-Show-Act, CD, Werbejingles, usw.) bzw. eine Kombination dieser drei Elemente.

Man kann dann noch die Spezialisierung verfeinert nach Endverwendungszweck (Musik für einen Film) betrachten. Man kann eine geographische Spezialisierung (Konzerte nur im Saarland usw.) oder eine Spezialisierung nach Produktmerkmalen (Heavy, Softmusik…) in Erwägung ziehen oder man kann sich einfach für eine Spezialisierung nach Qualität (feinster Jazz…) und Preis (… und den für ein paar Euro Eintritt) bzw. einer Spezialisierung nach der Leistungsform (Livemusik, nur CD- Verkauf…) entscheiden.

Eurer Phantasie sind da keine Grenzen gesetzt, doch ihr solltet immer bestrebt sein, neu entdeckte Spezialisierungsformen erst auf ihre Tauglichkeit hin zu überprüfen. Ausgangspunkt eurer Überlegungen kann eine Reihe der unterschiedlichsten Zielgruppen/Markt Kombinationen sein. Hierzu folgen nun einige Anregungen. Durch Brainstorming werdet ihr diese Liste leicht erweitern können.

Zielgruppe 1

Schulen (Konzerte)
Jugendzentren (Konzerte)
Kulturämter -> weitere Kunden

Heimat- und Verkehrsverbände -> weitere Kunden
Kurorte -> weitere Kunden
Freizeitparks (Hintergrundmusik und Spaß)
Badeparadiese (Unterhaltung)

Zielgruppe 2

Diskotheken (Konzert, Show und Tanz)
Clubs aller Art (Show, Tanz, Musik)
Feriendörfer (Animation, Show)
Rockkneipen (Unterhaltung)

Zielgruppe 3

Messeveranstalter (Unterhaltung)
Ausstellerfirmen (Werbung)
Firmen mit „Tag der offenen Tür" (Unterhaltung, Werbung)
Lehrwerkstätten (Unterhaltung, Pädagogik)

Zielgruppe 4

Tanzschulen (Hintergrundmusik)
Theater (Hintergrundmusik)
Tonstudios (Plattenproduktionen)

Zielgruppe 5

Werbeagenturen (Werbejingles auf Band)
Schallplatten- und Tonträgerfirmen (CD-Aufnahmen)
Independent-Labels (CD)
Spielfilmautoren oder Produzenten (Filmmusik)
Videofilmproduzenten (Film-, Werbe- und Hintergrundmusik)

Zielgruppe 6

Radioanstalten
Fernsehanstalten
Konzertagenturen (Vorgruppe)

Nachdem eine ganz bestimmte potentielle Zielgruppe gefunden ist, versucht ihr diese durch geeignete Merkmale zu charakterisiert. (Schlüsselfiguren, Macher, Ansprechpersonen, Publikum, Schickies, Punker, Popper, alt, jung, gebildet, ungebildet usw.). Danach versucht ihr, die speziellen Bedürfnisse eures Kundentyps ausfindig zu machen. Ihr solltet euch erstens überlegen, mit welchem Produkt diese Bedürfnisse zu befriedigen sind (CD, Konzerte, Live Musik, Halb- oder Vollplayback, Show, Tanz usw.) und zweitens, welche Ausprägung das Produkt haben muss (Großes, kleines Konzert, mit oder ohne Bühne, 2000, 5000, 10000 Watt, viel, wenig Licht, Show usw.)

Zum Schluss verfeinert ihr dann die Spezialisierung nach euren Vorstellungen so wie es oben allgemein dargestellt wurde.

Es gilt bei all dem Gesagten: Für wen biete ich was für wieviel an!

Da immer wieder auf die Bedürfnisse der Zielgruppe eingegangen werden muss, kommen viele Amateure auf die Idee, ihren Musik-Stil, ihre Textinhalte und ihr Bandimage den vermeintlichen Klischee-vorstellungen der Zielgruppe anzupassen. Das ist aber falsch. Klischeevorstellungen sind leicht durch übergeordnete „Mode-Signale", welche der Zielgruppe eine Art Identität verleihen, zu befriedigen, Bedürfnisse dagegen liegen tiefer. Echte Bedürfnisse liegen in den Herzen der Menschen, in ihren Seelen und um da hineinzukommen, muss man schon ein wenig Mut zur Wahrheit, zur eigenen Meinung und zur eigenen „Größe" haben. Bleibt euch und eurer Musik deshalb treu, und verliert euch nicht in Klischees. Viele der wirklich „Großen" im Rock- und Popgeschäft haben es vorgemacht, haben oft sogar Klischeevorstellungen entgegengewirkt.

6.2 Werbeplanung

Zielgruppe und Marktnische sind gefunden, die Bedürfnisse der potentiellen Kunden sind bekannt und ein passendes Musik-Produkt entwickelt. Jetzt geht's an die Planung der Werbeaktionen. Wie und wann soll die Zielgruppe mit welchen Mitteln umworben werden - vom einfachen Plan bis zum komplizierten Werbefeldzug ist hier alles möglich, vorausgesetzt, man verfügt über das entsprechende Geld.

Da wir uns möglichst an die Einzelumwerbung halten wollen, sollen Werbeaktionen hier auch nur in diesem Rahmen abgehandelt werden. Dabei werden wir uns überwiegend auf die Herstellung eines Direktwerbepaketes konzentrieren.

Weitere Werbeaktionen wie Rundfunk- und Fernsehwerbung, Flugblatt und Plakatwerbung oder Public Relations (Öffentlichkeitsarbeit), beinhalten im Kern ähnliche Gesetzmäßigkeiten und können bei Bedarf dann selbst vorbereitet und durchgeführt werden.

Zu beachten ist in jedem Fall immer, dass Werbung die Zielgruppe informieren muss, die Wahrnehmung des Produktes (also der Band und ihrer Musik) positiv beeinflussen soll und imagebildend zu wirken hat.

6.3 Das Direktwerbepaket

Funktionales Ziel der Direktwerbung ist, potentielle Veranstalter

a.) über die Band und ihr musikalisches Angebot zu informieren und

b.) den Veranstalter letztlich zu einem Konzertvertrag (hin) zu bewegen.

Um dieses Ziel zu erreichen wollen wir unser Musikprodukt (Musik, Konzert, Show) zuerst durch Direktwerbung bekannt machen und dann versuchen potentielle Veranstalter durch ein „Verkaufsgespräch" zu einem Konzertvertragsabschluss zu bewegen.

Mit dem Direktwerbepaket steht uns ein Werbemittel zur Verfügung, das als Wegbereiter zum Verkaufsgespräch effektiv eingesetzt
werden kann. Weiterhin haben wir es bei dem Direktwerbepaket mit
einem Werbemittel zu tun, bei dem wir eine relativ große Kontrolle
sowohl über die Herstellungskosten, als auch die Wirksamkeit des
Werbemittels haben.

Dass diese Vorteile in den letzten Jahren nicht nur von einigen
wenigen Werbetreibenden mit „kleinem Geldbeutel" genutzt
wurden, scheint offensichtlich: „Trotz der. . . horrend gestiegenen
Postgebühren ist die Direktwerbung zum zweitgrößten Medium
innerhalb der Werbung überhaupt geworden", schreibt der
Werbefachmann Hans Joachim Weickel im STAMM, einer
Publikation für Presse und Werbetreibende.

Zur wirksamen Präsentation insbesondere unserer Musik verwenden
wir eine Variante der „einfachen" Direkt-Werbung: das Versenden
eines 3D Direktwerbepaketes. Das 3D Werbepaket beinhaltet außer
einem Geschäftsbrief noch einen zusätzlichen, nämlich einen
dreidimensionalen Informationsträger, der für Musiker - wie sollte es
anders sein - aus einer CD besteht.

Herstellung einer Demo-CD

Ein musikalisch ansprechender Song sollte euch bereits auf
„Masterband" vorliegen und ihr habt ja schon ein aussagefähiges
Werbefoto gemacht. Damit wären bereits alle Voraussetzungen für
die Produktion einer Demo-CD gegeben.

Das Foto wird dann noch ergänzt mit dem Namenszug der Band und
sonstigem Text (Titel usw.) und ergibt so das CD-Cover. CD und
Cover werden dann vervielfältigt:

Die einfachste und schnellste, aber auch teuerste Möglichkeit ist,
dass ihr eine bestimmte Anzahl von CDs (z.B.1000 Stück) von einem
Kopierwerk vervielfältigen lässt. Geringe Stückzahlen lassen sich aber
auch gut selbst am PC erstellen:

1. Musik auf CD brennen

Zunächst benötigt man eine Brennersoftware. Geeignet hierzu ist die Freeware „DeepBurner" (http://www.deepburner.com)

Wichtig ist, dass ihr den Modus Audio-CD oder als Daten-CD mit Songs im mp3-Format zum brennen nutzt und es sollten alle Dateien die gebrannt werden vorher mit z.b. der Software Wave Pad normalisiert und Leerläufe am Anfang und am Ende der Songs abgeschnitten werden.

2. Label drucken

Hierfür habe ich leider keine Freeware zur Hand. Für etwa 25 Euro bekommt ihr aber schon recht ordentliche Programme. Ihr solltet darauf achten, dass man mit dem Label-Programm Panorama Labels bedrucken kann. Panorama Labels wirken vom Aussehen her besser als Standard-Labels.

Eine Vollversion so eines Label-Designers findet ihr unter http://www.datalandsoftware.com

3. Cover Drucken

Kann man auch mit dem Label-Designer erledigen – ist aber in der Not bzw. unkomplizierter auch locker mit Microsoft Word zu erledigen.

4. CD-Boxen

Hier eigenen sich vor allem Jewel Cases. Diese sind die Standard CD-Boxen und wirken sowohl optisch als auch vom „Griff" her am besten.

Labels und CD-Boxen findet ihr auf http://www.pearl.de

Der Geschäftsbrief

Können und Bandimage vermittelt die Demo CD treffsicher und schlagkräftig: Musik und Bild sind zwei Werbemittel, deren Wirkung der Umworbene sich nur schwer entziehen kann. Wenn nun der Empfänger unser Direktwerbepaket erhält, wird er die CD als solche und das Bild auf dem CD-Cover ziemlich sicher wahrnehmen. Vielleicht haben wir ihn dann schon neugierig gemacht. Aber bevor sich unser Empfänger die Musik auf der CD anhört (und das wollen wir ja erreichen, denn die Musik ist unser stärkstes „Verkaufsargument"), wird er erst wissen wollen, warum er diese CD eigentlich erhalten hat. Wir müssen ihm also mitteilen, worum es bei dieser Werbesendung geht. Zu diesem Zweck enthält das Direkt-Werbepaket den „Geschäftsbrief".

Der Geschäftsbrief hat natürlich außerdem die Aufgabe, die Band zu „verkaufen", also auf einen Konzertvertrag hinzuwirken. Daraus könnte man nun schließen, dass er auch vom Verkaufsgedanken her konzipiert sein muss - doch gerade dies wäre falsch.

Beim Schreiben des Geschäftsbriefes solltet ihr euch grundsätzlich immer in die Lage des Empfängers versetzen. Was könnte er für einen Nutzen aus eurem Angebot ziehen? Was interessiert ihn an eurem Vorschlag? Denkt daran: er muss ja nachher zahlen, und wer zahlt schon für etwas, das ihm nicht irgendeinen Vorteil bringt?

Noch einmal: Den Empfänger interessiert nicht, was ihr zu tun beabsichtigt und was ihr erreichen wollt, sondern ihn interessiert der Vorteil, den er selbst von der Sache hat.

Sehr geehrter **Herr xy**-
Sicher haben **Sie** sich auch schon einmal gefragt, was **Sie**. . .

Je öfter in dem Geschäftsbrief das Wort „Sie" auftaucht, und je weiter die Wörter „Ich/Wir" aus dem Geschäftsbrief verschwunden sind, desto besser ist der Brief.

Der Aufbau des Geschäftsbriefes

Die nachstehenden sechs Punkte bilden das Gerüst für die Inhaltsgestaltung eures Briefes:

1. Aufmerksamkeit, Interesse, Wunsch wecken
2. Sagen, worum es geht (Angebot)
3. Begründen
4. An einem Beispiel „beweisen"
5. Sagen, was zu tun ist (Handlungsantrieb)
6. PS. (= kleines Präsent/"Bonbon")

Schreibt ungekünstelt! Leitet jeden neuen Gedanken mit einem neuen Absatz ein! Packt besser nur ein paar überzeugende als zu viele nichtssagende Argumente in den Brief!

Ein Bespiel eines solchen Geschäftsbriefes findet ihr auf der folgenden Seite.

Bandname Teerstr. 13 4711 Erfunden
Otto Kran Gymnasium
Herrn Peter Quaker
Lernstr. 6
7007 Oberunter

Absender
Anschrift

Lieber Peter,
sicher hast Du schon an die Ein- oder Andere
Möglichkeit gedacht, um auf Eurem diesjährigen
Schulfest eine außergewöhnliche, eine gute
Stimmung zu zaubern. Hast Du auch schon an eine
Super Music-Party gedacht?

Anrede
Wunsch,
Aufmerk-
samkeit

XY ist eine groovende, stilsichere und auch
ein bisschen verrückte Band, die besonders
gerne Dein Schulfest in eine Music-Party
verwandelt hätte und auch extra für diesen
Zweck ein Schüler-Programm zusammengestellt
hat.

Angebot

Musik, live und hautnah präsentiert, ist und
bleibt eine Attraktion - besonders dann, wenn
die Musik mit ein paar überraschenden Show-
Elementen kombiniert ist.

Begründung

Unsere Bühnenshow können wir Dir, lieber Peter,
auf dem Postweg leider nicht vermitteln, aber
von unserer Musik kannst Du dich mit der bei-
gelegten CD überzeugen.

Beispiel

Wenn Du jetzt neugierig auf uns geworden bist,
füll einfach die beiliegende Antwort-Postkarte aus,
und werfe sie in den nächsten Briefkasten! Wir
werden uns dann sofort mit Dir in Verbindung
setzen.
Mit freundlichen Grüßen!
PS.: Die CD kannst du natürlich behalten.
      Viel Spaß beim Hören der Musik!

Handlungs-
aufforde-
rung

Grußformel
PS.

68

Herstellung des Briefes

- Mit einem Textverarbeitungsprogramm am Computer erstellen (Serienbrief), individuelle Anrede beim Ausdrucken an der vorgesehenen Stelle einfügen

Antwortpostkarte

Zu jeder Direktwerbeaktion gehört auch eine Antwort-Postkarte, die den Umworbenen zum Handeln auffordert. Eingedruckte Texte verhindern Formulierungsprobleme („Ja, euer Musikangebot gefällt mir, ich möchte. . . „), vorgedruckte Absender fördern auch hier den Eindruck von Individualität.

Die Rückseite der Antwortpostkarte kann als Werbefläche benutzt werden. Hier wird das Angebot noch einmal genauer vorgestellt. (evt. auch mit Bild)

Natürlich sollte die Postkarte auch auf eine Webseite der Band verweisen (s. weiter unten), die selbstverständlich auch ein Kontaktformular bereitstellen muss. Obwohl dies in Zeiten des Internets der bessere Weg scheint, kann es durchaus sein, das eine vorgefertigte Postkarte bequemer (evt. auch schneller) ausgefüllt und in den nächsten Briefkaste geworfen ist wie das die Kontaktaufnahme über das Internet ermöglicht. In jedem Fall sollte das Ganze dem Adressaten möglichst wenig Arbeit machen und so viel Komfort wie möglich bieten.

Versandtasche

Die Versandtasche ist die Visitenkarte eures Direkt-Werbepaketes. Folglich sollte auch sie Informationen enthalten. Neben guter Aufmachung m u ß sie den Umworbenen dazu reizen, den Werbebrief zu öffnen, und wenn dies nur durch einen so einfachen Hinweis wie „Bitte sofort Öffnen! Persönlicher Inhalt!" geschieht.

Werbe-Kosten-Kalkulation (Beispiel)

Investitionen

Herstellung des „Masterbandes"/Stundenpreis Tonstudio) : 80,00 Euro

Kosten für 1 Direkt-Werbepakete

CD-Rohling................. 0,12 €
CD Panorama-Label .... 0,13 €
CD Hülle Jewel Case .... 0,23 €
Papier 120 g................ 0,04 €
Versandtasche.............. 0,13 €
Gesamtkosten   0,65 €

1000 Werbepakete würden dann 650 € kosten. Hinzu kämen Versandkosten von ca. 1000 x 1,45 € = 1450 €

(Die aufgeführten Kosten sind natürlich nur Beispielwerte, aber sie vermitteln euch ein Gefühl für die entstehenden Werbekosten.)

Adressen

Da euer Direkt-Werbepaket ja auch irgendwo ankommen muss, benötigt ihr die Adressen eurer Zielgruppe. Adressenverzeichnisse kann man sich zunächst selbst anlegen. Neben der Möglichkeit hierzu kostenlos das Internet zu nutzen sei auch noch auf die kostenlose Nutzung von **Telefonbuch und gelben Seiten** (auch im Internet) erwähnt.

Nicht kostenlos sind Adressenverzeichnisse, die man **über Adressenverleger** beziehen kann. 1000 Adressen kosten zwischen Euro 50,- bis Euro 150,-. Dafür sind die Adressen allerdings bereits nach den gewünschten Zielgruppen geordnet. Man erhält sie auf Datenträgern.

Anschriften der Adressenverleger findet ihr im STAMM (www.stamm.de). Der **STAMM** ist eine Publikation, die sich Leitfaden für Presse und Werbung nennt. In diesem umfangreichen Buch findet ihr die Anschriften zu fast jedem Thema was Presse und Werbung angeht. In diesem Werk sind außerdem alle in Deutschland erscheinenden Zeitungen, Zeitschriften und Fachpublikationen aufgeführt. Man kann in dem Buch z. B. auch nachlesen, welche Zeitungen kostenlos Kleinanzeigen veröffentlichen. Wem die Anschaffungskosten für den STAMM zu hoch sind (etwa 150 Euro), der findet dieses nützliche Werk eventuell auch in öffentlichen Bibliotheken bzw. Lesesälen.

Ebenfalls in Bibliotheken und Lesesälen findet man die **Branchen-Adressbücher**, eine echte Fundgrube für diejenigen, die sich überwiegend mit Musik als Werbemedium beschäftigen wollen.

Ein weiteres wichtiges Adressenbuch ist das Musikmarkt Branchen-Handbuch (www.musikmarkt.de). Dieses Buch ist unentbehrlich für jeden der etwas mit Musik und Musik-Management zu tun hat. Ihr findet dort die Adressen von Tonträgerfirmen (Schallplatten-gesellschaften) und Tonträgerlabels, Musikverlagen, Konzert-agenturen, Künstlerdiensten usw. Auch sind im MM-Branchenbuch Ton- und Videostudios und Presswerke aufgeführt.

6.4 Der professionelle Musikmarkt

Wer gerne mal bei den Profis reinschnuppern möchte, der findet dazu alles im **Handbuch der Musikwirtschaft** (Josef Keller Verlag, Kosten ca. 140,- Euro).

Über den Stellenwert der Musikindustrie in Deutschland, heutige und zukünftige Musikmärkte, Vermarktungsformen, Ausbildung von Führungskräften in der Musikindustrie, Verwertungsgesellschaften, sowie Rechts- und Vertragswesen wird hier alles besprochen was den vom Profi beherrschten Musikmarkt angeht

Ein Blick in dieses Buch ist in jedem Fall lohnenswert, auch wenn es den Semiprofi oder Amateur nicht unbedingt weiter bringt.

7. Das Verkaufsgespräch

Da uns wohl kaum jemand aufgrund unseres Direktwerbepaketes einen unterschriebenen Konzertvertrag zusenden wird, besteht die letzte Phase unserer Aktivitäten darin, den potentiellen Veranstalter durch ein persönliches Gespräch, zu einem Vertragsabschluß zu bewegen.

Alle Regeln, Strategien, Taktiken und Verhaltensweisen, die in solchen Verkaufsgesprächen erforderlich sind basieren auf den uralten Regeln des Umgangs von Mensch zu Mensch. Wer diese menschlichen Regeln in ihrer ganzen Vielfalt zuallererst befolgt, dem werden die taktischen Regeln bald von alleine in den Schoß fallen.

„Man muss sich eben verkaufen können", höre ich immer wieder die verschiedensten Musiker klagen.

„Man muss sich verkaufen wollen", gebe ich ihnen als Antwort.

Verkaufen hat weder etwas mit „Übernatürlichen" Fähigkeiten noch mit sonst einem Hokus-Pokus zu tun. Sicher, dem einen gelingt das besser, dem anderen schlechter. Aber selbst der beste unter ihnen kann nur „mit Wasser kochen".

7.1 Verkaufsstile und „Käufertypen"

Es wäre töricht, zu behaupten, dass es **d i e** Verkaufsmethode gibt. So unterschiedlich wie die Menschen, also auch die „Käufer" eurer Musik oder Show sind, so unterschiedlich müssen auch die verwendeten Verkaufsmethoden sein.

Für die Praxis genügen allerdings fünf grundlegende Verkaufstile, deren Anwendung passend zum Kundentyp erfolgt.

1. Das Produkt wird dem Kunden präsentiert und soll sich selbst durch seine Qualität, seinen Preis, seine Erlebniswirkung usw. verkaufen. Diese Verkaufsmethode ist für Kunden geeignet, welche persönliche Kontakte meiden. Diese Kunden gehen dem Anbieter meistens aus dem Weg, und Gespräche mit ihm sind ihnen lästig (Dieser Kunde lädt eure CD über das Internet herunter oder bucht euch sogar über das Internet oder den Postweg!).

2. Man interessiert sich für den Kunden als Mensch und geht auf dessen Gefühle ein, baut eine persönliche Beziehung zu ihm auf und will sein Freund sein.

Leichte Kunden reagieren auf diese Verkaufsmethode. Weil sie offensichtlich gemocht werden und ihnen das Produkt (Band, Musik u. Show) empfohlen wird, glauben sie, dass das Produkt auch gut sein muss.

3. Eine Mischung aus persönlichen und sachlichen Elementen beim Verkaufsgespräch soll den Kunden zum Kauf motivieren.

Vor allem für Kunden, die auf etablierte Produkte und die Erfahrung anderer Leute Wert legen, ist diese Verkaufsmethode geeignet. Diese Kunden wollen durch das Prestige des Produktes ihr eigenes Prestige erhöhen.

4. Der Kunde wird fest angepackt und durch harte Methoden zum Kauf gebracht. Dabei wird soviel Druck wie nötig auf ihn ausgeübt.

Defensive Kunden, die glauben, niemand könne ihnen etwas „andrehen", Kunden also, die glauben sie sind überlegen, werden so zum Kauf gebracht.

5. Es wird mit dem Kunden beraten, damit man sich über dessen Anforderung informieren kann (z.B. die zur Verfügung stehende Halle ist so und so groß) Gemeinsam werden Probleme erörtert (die Halle fasst nicht genug Besucher) und geprüft, ob das Produkt zur Lösung beitragen kann (z.B. Unplugged spielen…). Es wird eine gute Vertragsgrundlage erarbeitet (…dadurch muss keine riesige PA gemietet und weniger verkabelt werden, wodurch die Kosten sinken). Von dieser Verkaufsmethode profitiert sowohl die Band als auch der Kunde (das Konzert kann in der kleinen Halle zu akzeptablen Kosten durchgeführt werden).

Diese Verkaufsmethode setzt den „erwachsenen" Kundentyp voraus, welcher seine Bedürfnisse erst genau überprüft und dann nach dem geeigneten Produkt für deren Befriedigung sucht.

7.2 Tipps zum Verkaufsgespräch

Damit euer Verkaufsgespräch erfolgreich verläuft ist vor allem nötig, dass euer Gesprächspartner eine positive Einstellung zu euch findet.

Hierzu sollte man wissen, dass sich Einstellungen nicht nur aufgrund von verbalen Äußerungen bilden, sondern auch – und nicht einmal unerheblich - auf Grund von Köpersignalen, aufgrund der Köpersprache

Da diese Körpersignale alle verbalen Äußerungen unbewusst begleiten und auch mehr oder weniger unbewusst wahrgenommen werden, und deshalb „echter" Interpretiert werden, sollte man sich deren auch sicher sein. Was man sagt und wie man dabei aussieht muss zusammen passen. Ist dem nicht so, haben andere Menschen eventuell den Eindruck, das man ihnen etwas „vormachen" will.

1. Bereitet euch auf jedes Gespräch mit potentiellen Veranstaltern ausreichend vor. Argumentation, Erläuterung der Show und des Musik-Programms usw. müssen wirklich „sitzen".

2. Achtet darauf, dass Auftreten, Aussehen, Kleidung, Haare, Mimik usw. auch tatsächlich eurem Charakter entsprechen. Man sollte euch Kompetenz und Glaubwürdigkeit in Sachen Musik gewissermaßen „ansehen".

3. Weil der erste Eindruck, den man von euch hat, oft schon entscheidend ist, solltet ihr euren Gesprächspartner aufgeschlossen und freundlich begrüßen.

4. Bleibt ganz am Anfang eures Gespräches locker, schneidet allgemeine Themen an, stellt eurem Gesprächspartner (so nebenbei) Informationsfragen (Rückschlüsse auf sein Wesen und seine Einstellungen) leitet dann zur Sache über und tragt euer Konzept informativ, genau und sachlich vor (auf keinen Fall prahlen oder dergleichen!).

5. Lasst euch beim Sprechen Zeit, und hört eurem Gesprächspartner aufmerksam zu, vor allem wenn er Fragen stellen sollte. Haltet Blickkontakt mit ihm, und kleidet eure Schilderungen in anschauliche Beispiele.

6. Wenn euer Gesprächspartner Einwände hat, argumentiert ihr von seiner Sichtweise aus, d. h. ihr berücksichtigt in eurer Argumentation den Sachverhalt, die Werte, die Einstellungen und das Wesen eures Gesprächspartners. Für die Behandlung von Einwänden ist je nach Kundentyp ein entsprechender Verkaufsstil zu wählen.

7. Irgendwann wird schließlich der Augenblick kommen, wo nur noch die Unterschrift des potentiellen Veranstalters unter dem Konzertvertrag fehlt. Ist dieser Augenblick gekommen, solltet ihr auf keinen Fall wankelmütig werden. Viele Musiker beginnen in diesem Augenblick, an ihren Fähigkeiten zu zweifeln und stehen die psychologisch brisante Phase des Abschlusses dann nicht durch. Wenn ihr aber von eurer Musik überzeugt seid, dann werdet ihr den günstigsten Moment zum Abschluss eines Vertrages rechtzeitig erkennen und das Geschäft perfekt machen können.

8. Nach Abschluss des Vertrages sollten dann noch einmal alle Details des Konzertes mit dem Veranstalter 'in entspannter' Atmosphäre wiederholt werden.

Sicherlich ist es keine einfache Sache, Rock- oder Popmusik zu verkaufen und man könnte noch vieles zu diesem Thema sagen. Doch die beste Verkaufsmethode kann aus einem schlechten Produkt kein gutes machen. Der gute Song (die gute Show, das gute Bandimage...) wird deshalb immer noch das beste Verkaufsargument sein. Verliert also euer Ziel nicht aus dem Auge und arbeitet hartnäckig an eurer Musik weiter. Lasst euch von Rückschlägen nicht entmutigen und versucht aus Fehlern zu lernen, nur dann werdet ihr den langen. Weg zum bezahlten Rock- und Popmusiker meistern können In diesem Sinne, viel Glück beim Verkauf eurer Musik und toi, toi, toi bei den hoffentlich zahlreichen Konzerten, die ihr in Zukunft noch geben werdet.

8. Das Internet und die eigene Musik-Homepage

Als ständige Präsenz der Band und Informationsmedium für Leute die mehr erfahren über euch erfahren wollen ist es sehr vorteilhaft eine eigene Homepage zu haben. Wir wollen hier keine Anleitung zum Erstellen eines Webauftritts geben aber zumindest doch erwähnen welche Komponenten notwendig sind.

8.1 E-Mail Adresse

Zunächst braucht Ihr eine E-Mail-Adresse. Eine E-Mail-Adresse benötigt ihr um später von euren Hörern oder potentiellen Veranstaltern angeschrieben werden zu können. Die E-Mail-Adresse kann man sich meistens beim eigenen Internet-Provider einrichten. Geschrieben und gelesen werden die E-Mails dann mit einem E-Mail-Client wie Outlook. In Outlook muss dazu ein Konto mit SMTP-Zugriff eingerichtet werden.

E-Mails von überall direkt im Internet verwalten

Wollt ihr eure E-Mails praktisch auch unterwegs abrufen ist ein E-Mail-Account von speziellen Anbietern direkt im Internet der bessere Weg. Freenet.de oder Web.de bieten solche E-Mail Postfächer an. Beliebt sind auch E-Mail Postfächer bei den Suchmaschinen-Anbietern Google, Yahoo usw.

Eigener Name in der E-Mail Adresse

Leider haben die eben beschriebenen E-Mail-Postfächer den Nachteil, dass die E-Mail-Adresse nicht vollständig personalisiert ist. Diese E-Mail-Aderessen enthalten hinter dem „At" – das ist das @ Zeichen – immer ihren Eigennamen z.B. dein-name@yahoo.de. Wollt ihr also euren Bandnamen in der E-Mail Adresse angeben z.B.

dein-name@bandname.de

ist das nur mit einer eigenen Domain (s.unten) möglich.

8.2 Eigene Domain

Eine eigene Domain ist eine eindeutige Internet-Adresse, die nur für euch da ist. So eine Adresse wäre z.B. http://www.euer-bandname.de Eine Domain kann man sich im Internet kaufen. Ein bekannte Anbieter ist Beispielsweise 1und1.de So eine Adresse kostet nicht sehr viel und man kann darüber hinaus eine individuelle E-Mail-Adresse unter dem Domainnamen nutzen. Beim Provider richtet man sich dann für diese Domain eine Weiterleitung auf den eigenen Webspace (s. unten) und das eigene E-Mail-Postfach ein. So finden dann Internet-User euer Postfach und euren Webauftritt unter dieser individuellen Adresse.

8.3 Webspace

Ein Webspace ist praktisch ein Speicherplatz im Netz der vom Internet aus erreichbar ist. Auf dem Webspace legt man seine Homepage (s. unten) ab, die dann von Internet-Usern aufgerufen werden kann. Will man eigene Songs im Internet präsentieren werden auch diese auf dem Webspace abgelegt von wo sie über die eigene Homepage vom User abgerufen werden können. Der Webspace beinhaltet in der Regel auch eine eigene Domain. Wenn man nur eine einzige Domain braucht reicht diese dann auch, will man mehrere Domains einrichten geht man wie oben beschrieben vor. Auch E-Mail-Adressen – meistens sehr viele - lassen sich für die Webspace-Domain einrichten. Der Webspace kostet meistens eine monatliche Gebühr.

Kostenloser Webspace
Webspace kann man bei verschiedenen Anbietern auch kostenlos nutzen. Der Nachteil: meistens ist der kostenlose Webspace nicht sehr groß und es wird Werbung im eigenen Internetauftritt eingeblendet.

8.4 Homepage

Auch zum Erstellen einer Homepage hat man mehrere Möglichkeiten. Am einfachsten sind so genannte Homepage-Baukästen. Mit einem Homepage-Baukasten kann man die eigene Homepage direkt im Internet erstellen und braucht keine Programmierkenntnisse oder wissen wie man diese auf einen Webspace hoch lädt und somit veröffentlicht. (Der Webspace für die Seite selbst ist bereits im Angebot enthalten) Es gibt Angebote wie bei 1und1.de für die man für die erstellte Homepage monatlich eine Gebühr zahlen muss aber auch Angebote wie bei internetbaukasten.de die kostenlos sind.

Ein weiterer Weg ist, sich seine Homepage mit einem Programm wie z.B. Magix Webdesigner auf dem eigenen Computer selbst zu erstellen und sie dann auf den eigenen Webspace hoch zu laden. Das Hochladen erfolgt mit einem FTP-Programm Bei dieser Variante hat man gestalterisch die größten Freiheiten muss aber einiges an technischem Wissen mitbringen.

8.5 Einbinden von Musik in die Homepage

Wollt ihr euren Hörern gleich Demosongs anbieten könnt ihr diese durch einen so genannten Link in eure Homepage einbinden:

<a href="http://www.euer-bandname.de/EuerSong.wma">Dies ist unser Lied</a>

Der erste Teil im Link http://www.euer-bandname.de/EuerSong.wma ist der Domainname mit dem Songnamen - gegebenen Falls in einem Unterordner. Der Song muss auf dem Webspace abgelegt sein.

Der zweite Teil - Dies ist unser Lied- ist der Text, den der Internet-User sieht. Der User klickt auf diesen Text und hört dann euer Lied.

Wird der Song wie hier geschehen als .wma Datei auf dem Webspace abgelegt, wird er im Windows Media Player abgespielt – und nicht herunter geladen. Man kann auch einen Flash-Player (allerdings ein bisschen aufwendiger) in die Webseite integrieren, der dann .mp3 Files abspielt, sie ebenfalls aber nicht herunter lädt. Gebt ihr ein .mp3 File im Link an und benutzt keinen Flash-Player wird dieses nicht abgespielt sondern beim User gleich herunter geladen, was aber bestimmt nicht erwünscht ist!

8.6 Eigene Musik über die Homepage verkaufen

Wollt ihr eure Musik direkt über eure Homepage verkaufen könnt ihr dies über die PAYPAL-Internetbank tun. Erstellt euch einen Account bei paypal.de und kreiert mit dessen Hilfe einen Zahlungsbutton. Dieser wird dann in eure Homepage integriert. Der User kann dann den Button zum Bezahlen verwenden. Die Musik selbst schickt ihr ihm dann am besten als ganz normale CD.

8.7 Kontakt-Formular

Damit auch nichtkundige problemlos mit euch Kontakt aufnehmen können, sollte eure Homepage auch ein Kontakt-Formular bereitstellen. Kontaktformulare kann man sich ohne Programmierkenntnisse mit einem Formular-Generator erstellen und dann in die Homepage einbauen (www.meine-erste-hompage.de)

9. Die Masse im Live-Konzert

9.1 Massenkommunikation

Wenn man einer Menschenmenge gegenüber eine bewertende Aussage abgibt hat man ganz plump ausgedrückt die eine Hälfte gegen sich und die andere Hälfte für sich – und genau diese eine Hälfte die braucht ihr. Doch eines nach dem anderen.

Wichtiger Hinweis: Unmittelbar nach einem Konzert solltet ihr irgendwo am Ausgang der Konzerthalle – also wo die Leute vorbei müssen - eure CD's zum Verkauf anbieten.

Zunächst einmal gilt es einige Wirkungen der Massenkommunikation anzugeben:

- eine einzelne Aussage kann unterschiedliche Wirkungen erzielen
- eine einzelne Wirkung kann aufgrund unterschiedlicher Aussagen zustande kommen
- eine Wirkung ist immer auch Resultat mehrerer Nebenwirkungen

Grundsätzlich müsste nach der Lektüre dieses Büchleins klar sein, dass die Band in jedem Fall eine oder mehrere der acht Erlebnis- und Gefühlswirkungen durch ihre Bühnenshow vermitteln muss. Darüber hinaus ist das, was ihr den Leuten vermittelt aber auch immer eine Art Rätsel: Was wollen die Zuschauer von der Band und wie reagieren sie darauf? Leider weiß man das nicht wirklich!

Von einigen wesentlichen Wirkungen könnt ihr allerdings ausgehen:

1. Potenzierung
   Mund zu Mund Propaganda ist nicht nur enorm wichtig, sondern auch sehr effektiv! Würde z.B. ein Zuschauer oder Hörer eurer Band die Band innerhalb einer viertel Stunde zwei weiteren Menschen empfehlen und diese Menschen innerhalb einer viertel Stunde wiederum je zwei weiteren Menschen usw. dann würde es tatsächlich nur 8¼ Stunden dauern bis der gesamten

Weltbevölkerung eure Band empfohlen wurde (2^{33} = 8.589.934.592).

2. Einfache Aussagen funktionieren besser als komplizierte oder abstrakte

3. Die Masse ist träge bis sie in Bewegung kommt und träge bis sie wieder abgebremst ist

4. Die Masse muss durch wenige Sympathie- und Vertrauenswürdigkeitsmerkmale gelenkt werden.

Um die Interessen der Masse zu wecken solltet ihr euch auf folgende Initialbedingungen reduzieren

1. Grundregungen (Gefühle - s. Bandimage)
2. Menschliche Themen
3. Gängige Meinungen
4. Moralische Verpackung

9.2 Massenpsychologie

Eine Masse bildet sich dann, wenn mehrere Menschen gleichartige Interessen haben. Die Masse ist ein schwer berechenbares Ganzes. Die Masse erlangt Bedeutung wenn Ergebnisse aus ihrer Bildung resultieren (Applaus, Jubeln, Tanzen usw.)

Wie kommt Bewegung in die Masse?

1. Konformisierung
Haben einmal einige Angefangen zu Klatschen zieht es andere mit.

2. Differenzierung
Einige wollen sich von der Masse absetzen, z.B, Zuschauer am Rand

3. Akzentuierung
Manche gleichen sich individuell an, z.B. Zuschauer auf den Rängen

Wann ist man gerne Teil einer Masse?

1. Die Band hat einen Star oder eine gegnerische Masse (die Anderen – die da Oben usw.)
2. Man hat Kontakt zueinender (dicht zusammen stehen, Hände halten)
3. Man ist stark emotional geladen (durch die Musik und den Songtext)
4. Man denkt das selbe (durch einen Wahlspruch)

In der Masse werden die Menschen aktiv. Sie haben in der Masse eine Machterfahrung!

Schlusswort

Alles in diesem Werk zielte auf die Ausrichtung eines Rock- oder Popkonzertes hin ohne auf die Hilfe Dritter angewiesen zu sein. Dazu wurden alle möglichen Fragestellungen in betracht gezogen und bearbeitet.

Das wichtigste für euch und wie es weiter geht ist allerdings das Konzert selbst und was danach kommt.

Ihr müsst es schaffen das Publikum mit dem Konzert zu begeistern. Das ist sozusagen eure Lebensversicherung. Wenn ihr das Publikum begeistert habt, werden die Leute über euch sprechen und anderen Leuten sagen, das sie ein „geiles" Konzert gesehen haben und diese anderen Leute werden dann auch auf ein Konzert von euch gehen und so weiter und so weiter…

Neben der Initialzündung durch euer Direktwerbepaket ist die Mund zu Mund Propaganda nach einem guten Konzert eine noch viel gewaltigere Maschinerie, die euch ungemein weiter helfen kann. Vielleicht seid ihr irgendwann dann auch mal so bekannt, dass es ausreicht, wenn ihr einfach nur Plakate druckt und diese in der Gegend des Veranstaltungsortes aufhängt.

Deshalb: Mögen viele, viele Menschen begeistert von euch sein und reden und dann noch viel mehr Menschen neugierig auf eure Konzerte gehen wollen!

Das Teufelsquadrat

Im Projektmanagement gibt es den Begriff des Teufelsquadrates. Das Teufelsquadrat stellt dabei für beliebige Projekte den Zusammenhang zwischen Ergebnisqualität, Ergebnismenge, Projektkosten und Projektdauer dar, unter der Voraussetzung, das man einen, zwei oder drei der Parameter verändert ohne dass man dazu alle Kombinationen ausrechnen muss. Dies ist auch für die Bandarbeit interessant.

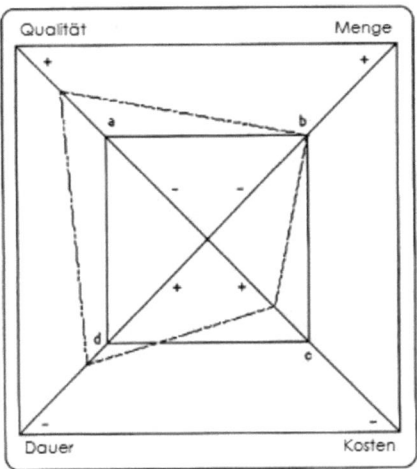

Man stellt sich das Teufelsquadrat als einen Kasten mit zwei von Ecke zu Ecke darin aufgespannten Stahlseilen vor. Daran mit Rollen befestigt ist ein im Quadrat aufgespanntes Stahlseil mit halber Länge wie der Außenkasten. Zieht man nun z.B. an einer Ecke des inneren Quadrates nach Außen rutschen alle anderen Ecken des inneren Quadrates nach innen. Was sich dann Erhöht oder Vermindert wird durch die Vorzeichen +/- angezeigt.

Beispiel: Angenommen ihr überlegt die Anzahl eurer Konzerte in der Planungsperiode zu erhöhen. Dass Teufelsquadrat zeigt dann, dass ihr für jedes Konzert und damit insgesamt mehr

Vorbereitungszeit braucht, dass sich die Kosten erhöhen, denn die Roadkosten für ein Konzert multiplizieren sich natürlich mit der gestiegenen Anzahl an Konzerten und schließlich sinkt wahrscheinlich auch die Qualität der einzelnen Konzerte, weil ihr für jedes einzelne Konzert weniger Vorbereitungszeit habt.

Noch ein weiteres Beispiel: Ihr wollt gerne die Qualität einer CD Produktion erhöhen, gleichzeitig aber auch die Dauer für die Produktion verringern. Das Teufelsquadrat sagt dann, dass dann zum einen weniger Songs produziert werden können (also statt einer Doppel-CD nur eine einzelne CD) und andererseits dass die Kosten der Produktion steigen – um die weniger zur Verfügung stehende Zeit zu kompensieren müssen vielleicht teure Studiomusiker, die das meiste ohne lange Vorbereitung einspielen können, engagiert werden.

Fazit: Das Teufelsquadrat ist ein allgemeines Werkzeug für Aussagen über Projekte beliebiger Art und gibt schnell Auskunft darüber welche Parameter eines Projektes sich abhängig von der Veränderung anderer Parameter erhöhen oder vermindern ohne dass man dafür konkrete Zahlen zur Verfügung haben muss.

Komponieren lernen –Songwriting

ganz ohne komplizierte Musiktheorie
von Jürgen Alfred Klein

Produktinformation

Taschenbuch: 72 Seiten

Verlag: Books on Demand

Sprache: Deutsch

ISBN: 978-3-7357-9348-5

Größe: 14,8 x 0,4 x 21 cm

Das Buch führt den Leser Schritt für Schritt zum komplett fertigen Song - vom Aussuchen des Rhythmus, über die Zusammenstellung der Harmonien, bis hin zum Komponieren der Melodie. Dabei wird auf komplizierte Musiktheorie völlig verzichtet. Weiterhin erfährt der Leser, wie er einen Songtext schreibt und den Song für Live-Darbietungen oder einer Aufnahme in einem Tonstudio arrangiert. Die gezeigte Methodik eignet sich sowohl für Rock- und Popsongs als auch andere populäre Stile. Auch die Vorbereitung und die eigentliche Arbeit in einem Tonstudio werden behandelt. Ein eigenes Kapitel bildet der Einsatz des Computers beim Komponieren und der Erstellung einer eigenen Musikhomepage. Letztlich erfährt der Leser wie er durch die Anwendung einer wissenschaftlichen Methode sicher feststellen kann, wie seine Songs beim Hörer ankommen. Das Ganze ist mehr als die Summe seiner Teile, weshalb die vielen behandelten Themen eine breite Wirkung entfalten.

Herstellung und Verlag:
BoD - Books on Demand, Norderstedt
ISBN 978-3-7347-8161-2